中职中专汽车专业新学徒制“十三五”规划教材

汽车销售技术

主　编　刘海艳

副主编　邱炜聪　谢勇军　赵迎春

参　编　陈　宇　吴惠卿　曾　艳

付仁山　李圆明　谌　商

马　瑞　王文波　孟　婕

机械工业出版社

《汽车销售技术》是我国中等职业教育改革发展与示范学校建设精品创新教材之一。它是在调研了丰田、现代、大众、奔驰、福特等品牌汽车销售顾问及作者亲身从事汽车销售工作的经历基础上编写的，采用职业教育中行为导向情景式的教学模式，内容按照汽车销售人员实际工作逐步分解、展开，以销售的核心要素为主线，准确地划分为10个学习情景，包括汽车销售常识、汽车商务服务、认识客户、客户需求、认识产品、客户沟通、新车承保与按揭、销售谈判、上牌与交车服务和汽车销售新模式。在每个情景模式下，又划分为2~5个子任务。每个子任务包含任务目标（涵盖知识目标、技能目标、情感素养目标）、任务分析、任务学习、课后练习题。本书内容贴合实际，通俗易懂。

本书可作为中职、高职院校汽车销售专业的教材，也适于汽车销售从业人员岗位培训和自学使用。

图书在版编目（CIP）数据

汽车销售技术/刘海艳主编．—北京：机械工业出版社，2015.12
中职中专汽车专业新学徒制"十三五"规划教材
ISBN 978-7-111-51864-8

Ⅰ.①汽…　Ⅱ.①刘…　Ⅲ.①汽车－销售管理－中等专业学校－教材
Ⅳ.①F766

中国版本图书馆CIP数据核字（2015）第249615号

机械工业出版社（北京市百万庄大街22号　邮政编码100037）
策划编辑：齐福江　责任编辑：齐福江
责任校对：黄兴伟　封面设计：陈　沛
责任印制：李　洋
北京机工印刷厂印刷（三河市南杨庄国丰装订厂装订）
2016年1月第1版第1次印刷
184mm×260mm·12.25印张·298千字
0 001—3 000册
标准书号：ISBN 978-7-111-51864-8
定价：32.00元

凡购本书，如有缺页、倒页、脱页，由本社发行部调换

电话服务	网络服务
服务咨询热线：010－88379833	机 工 官 网：www.cmpbook.com
读者购书热线：010－88379649	机 工 官 博：weibo.com/cmp1952
	教育服务网：www.cmpedu.com
封面无防伪标均为盗版	金 书 网：www.golden-book.com

《汽车销售技术》编委会

前言

随着我国汽车工业的飞速发展，近年来我国汽车的产销量和保有量大幅上升，汽车在人们工作和生活中的地位变得越来越重要。整个汽车后市场商务服务市场日益庞大。

目前，国内很多职业学校均开设了相关的汽修专业。在汽修专业类学习书籍中，一类是介绍汽车各部件的原理、结构和故障分析的“硬技术”书；还有一类是汽车营销、保险、业务接待等“软技术”书。而本书的性质，是属于“软”技术的，但是并不妨碍该书在汽车专业教学中的重要性。

一、本书撰写的必要性

汽车销售企业需要的人才中，包括销售经理（Sales Manager）、大客户经理（Fleet Manager）、业务经理（Business Manager）、销售主管（Senior Salesperson）、职业销售人员（Professional Salesperson）、市场推广及策划人员（Marketing & Promoting）和售后服务经理（Services Manager）等汽车商务服务岗位，甚至汽车维修技术人员，都应该学会运用销售知识。

以汽修专业为例，除了学习传统的汽修“硬技术”外，学习汽车销售也有很重要的意义。精英级汽车销售人才往往是汽车销售企业制胜的法宝。在一线城市的汽车销售企业中，其汽车销售精英往往承担了单店月60%以上的销量，其年薪有时超过高管人员。

世界上许多优秀的销售大师销售的第一个产品都是汽车，如美国的顶尖销售大师齐格勒、日本的国家级销售高手本田村木等。这些专家几乎一致认为，如果一个销售人员可以将汽车卖好，那么世界上就没有什么东西是他不会卖的了。从某种意义上来说，学好汽车销售知识，其余商品销售难度，一般是不会超过汽车的。

一方面，由于汽车性价比越来越接近，销售人员职业化水平成为顾客购买的重要因素。假设缺乏相应的汽车销售精英，导致成交率低，会大量浪费客户资源。另一方面，销售精英所产生的销售利润比一般非职业化的销售人员要高出10%～20%，特别是精英级的销售高手能树立该车行（店）的服务品牌。

学习汽车销售对个人的意义也很重大，这可以建立高能量的人际关系网。目前许多汽车销售企业的管理者，往往是汽车销售人员出身。同时汽车销售人员随着基本工资不断增加，总收入提高，有利于创造良好的职业愿景，因此未来车行竞争的核心是服务，同时也是人才的竞争。

二、本书是行为导向法教学理念的体现

本书是依据最新职教行为导向法教学理念编写的。因此，本书是一门融知识与技能于一体的专业主干书籍，具有操作性强、实践应用广泛的特点。重在培养学生的实践能力、主动性和探究性的学习精神。

行为导向教学法是在整个教学过程中，创造一种学与教、学生与教师互动的社会交往情境，把教与学的过程视为一种社会的交往情境，从而产生一种行为理论的假设。具体就是在老师的精心设计下，引导组织学生心、手、脑并用，教、学、做结合，身体力行获取知识与技能，自行完成学习任务，自行进行反馈和评价，激发学生强烈的学习兴趣，培育学生的主动性，实现学习效果与发现问题、解决问题等综合学习能力同步提高。

基于这样的考虑，我们将汽车销售人员的工作流程分解，在每个具体阶段，在详细阐述，并充分考虑到汽车销售的具体特点后，营造适合的空间，尽可能贯彻行动导向教学法的精神。

三、本书是汽车销售人员工作的具体体现

本书是根据编者多年的汽车销售实践经验及多年的教学经验、前期调查深圳及全国汽车行业最新的营销理念及汽车销售顾问、参考相关汽车销售资料等编写的，其内容主要按照汽车销售人员的工作逐步分解、展开。

本书分析汽车销售人员的工作任务，准确地将其工作划分为10个学习情景。学习情景一：汽车销售常识；学习情景二：汽车商务服务；学习情景三：认识客户；学习情景四：客户需求；学习情景五：认识产品；学习情景六：客户沟通；学习情景七：新车承保与按揭；学习情景八：销售谈判；学习情景九：上牌与交车服务；学习情景十：汽车销售新模式。

在每个情景模式下，又划分为2~5个不等的子任务。在每个子任务下面，又有任务目标（涵盖知识目标、技能目标、情感素养目标）、任务分析、任务学习、课后练习题。

本书有助于中职、高职院校汽车类专业的学生掌握汽车销售人员所具备的知识，也适于汽车行业相关从业人员和广大汽车爱好者参考使用。

本书由刘海艳任主编，邱炜聪、谢勇军、赵迎春任副主编，陈宇、吴惠卿、曾艳、付仁山、李圆明、谌商、马瑞、王文波、孟婕参与编写。此外，兄弟院校的李楷（深圳技师学院）、李卫（深圳携创技工学校）、崔锁锋（深圳技师学院）、陈子麒（深圳技师学院）也参与了编写。本书在编写过程中得到了深圳市深业丰田赵迎春总经理，深圳市新力达汽车贸易有限公司北京现代汽车服务4S店销售总监陈宇先生等人的鼎力相助，并参考了整个编写过程，在此一并表示感谢！

由于水平有限，书中难免有不妥之处，欢迎读者提出宝贵意见，以便修订再版时改正。

编 者

目录

学习情景一 汽车销售常识

任务一 汽车销售认知

【任务目标】

1. 知识目标

1）能叙述汽车销售的流程与技巧。

2）能叙述汽车销售应具备的五个条件。

3）能叙述汽车销售的利润构成。

2. 技能目标

1）能根据汽车销售流程与购车客户交流沟通。

2）能熟练展示整车销售的流程。

3. 情感素养目标

1）培养汽车销售的职业道德。

2）能审视自我的情绪控制能力。

【任务分析】

作为汽车销售顾问应该具备哪些条件？汽车销售具体有哪些流程？汽车销售的利润有多少？只有通过学习汽车销售的总体知识，完善自身的汽车销售技巧，才能让客户感到是专业的服务，为汽车销售奠定基础。

一、汽车销售的定义与流程

1. 汽车销售

销售的直观理解就是把某种商品或者服务转变成货币的过程。也就是我们说的卖产品。从宏观方面理解，汽车销售（Auto Sales）是消费者支出的重要组成部分，同时能很好地反映出消费者对经济前景的信心。从微观方面理解，汽车销售就是汽车经销商最核心的内容，只有销售整车，才意味着增加了新的客户、产生新的利润增长点。

而汽车销售工作，对于从业人员来说，分为两个部分。

第一是汽车。这包括汽车专业知识和驾驶技能。作为一名汽车销售顾问，一定要多熟悉、多了解自己所销售的汽车品牌。在掌握好本品牌知识后，还要更多地了解竞品车的知识，这样在和客户交流的时候会更加游刃有余。另外，汽车销售顾问每天都和汽车打交道，最好要有驾照。

第二是销售。在汽车销售行业，良好的工作习惯决定你的收入。

2. 汽车销售流程

汽车销售是汽车客户开发、客户接待、为客户提供咨询、车辆介绍、试车、与客户协商直至成交、交车、售后跟踪等一系列过程，整个过程如下：

寻找客户⟶销售前准备⟶提供咨询⟶车辆展示⟶异议处理⟶缔结成交⟶交车验车⟶跟踪服务

汽车是一种昂贵消费品，也是一次重大采购。因此，客户会非常慎重，这也决定了汽车销售比普通商品销售更加复杂和艰难。

（1）接待

接待环节最重要的是主动与礼貌。销售人员在看到有客户来访时，应立刻面带微笑主动上前问好。如果还有其他客户随行时，应用目光与随行客户交流。目光交流的同时，销售人员应做简单的自我介绍，并礼节性地与客户分别握手，之后再询问客户需要提供什么帮助。语气尽量热情诚恳。

（2）咨询

咨询的目的是为了收集客户需求的信息。销售人员需要尽可能多地收集来自客户的所有信息，以便充分挖掘和理解客户购车的准确需求。销售人员的询问必须耐心并友好，这一阶段很重要的一点是适度与信任。销售人员在回答客户的咨询时，服务的适度性要很好地把握，既不要服务不足，更不要服务过度。这一阶段应让客户随意发表意见，并认真倾听，以了解客户的需求和愿望，从而在后续阶段做到更有效的销售。并且销售人员应在接待开始便拿上相应的宣传资料，供客户查阅。

（3）车辆介绍

在车辆介绍阶段最重要的是有针对性和专业性。销售人员应具备所销售产品的专业知识，同时亦需要充分了解竞争车型的情况，以便在对自己产品进行介绍的过程中，不断进行比较，以突出自己产品的卖点和优势，从而提高客户对自己产品的认同度。

（4）试乘试驾

在试车过程中，应让客户集中精力对车辆进行体验，避免多说话，让客户集中精力获得对车辆的第一体验和感受。

（5）报价协商

通常就是价格协商，销售人员应注意在价格协商开始之前保证客户对于价格、产品、优惠、服务等各方面的信息已充分了解。

（6）签约成交

在成交阶段不应有任何催促的倾向，而应让客户有更充分的时间考虑和做出决定，但销售人员应巧妙地加强客户对于所购产品的信心。在办理相关手续时，销售人员应努力营造轻松的签约气氛。

（7）交车

要确保车辆毫发无损，在交车前要对车辆进行清洗，车身要保持干净。

（8）售后跟踪

一旦汽车出售以后，要经常回访顾客，及时了解顾客对汽车的评价及其使用状况，要提醒顾客及时保养。

二、汽车销售人员应具备的五个条件

1. 良好的心理素质

汽车销售人员应该具备良好的自信心（相信销售能带给别人好处），同时具备销售时的热忱，保持乐观态度，能够感染到整车购买客户，从内心深处关心客户，能被人接受，有人缘，态度诚恳。不管你干哪行都要具有良好的心理素质，才能够面对挫折、不气馁。

做汽车销售业务所面对的每一个客户都有不同的性格，自己受到打击，要能够保持平静的心态。要多分析客户，不断调整自己的心态，改进工作方法，使自己能够面对一切责难。只有这样，才能够克服困难，同时，也不能因一时的顺利而得意忘形，要有一个平常心来面对工作，面对你的事业。

2. 产品及市场知识

汽车销售人员还应该具备产品及市场知识，具体表现如下五个方面。

1）满足客户需求的汽车产品知识。汽车销售人员应该熟悉汽车产品，能够给购车客户提供相关的汽车知识。

2）解决客户问题的产品知识及应用。解决购车客户对于所销售汽车的技术知识问题。

3）汽车市场整体状况。从宏观方面可以说明汽车市场的整体状况。

4）竞争汽车品牌的情况。熟悉并了解汽车竞品的知识。

5）了解自己销售区域的汽车市场情况。熟悉所在区域汽车经销商的经营状况，并及时为购车客户做出专业建议。

3. 良好的销售技巧

汽车销售人员不仅要有基础销售技巧，更需要不断地提升自己的汽车销售技巧。能够与潜在购车顾客有良好的沟通，如图 1-1-1 所示。

图 1-1-1　汽车销售人员应该具备良好的销售技巧

4. 自我驱策意愿和能力

汽车销售人员能对购车客户意愿迅速处理，有能力应对刁难的客户，保持和蔼态度，有信心，决不放松任何机会，努力维护及扩大人际关系，自发向上，不断进步，不断学习新的知识，努力提升自我。

5. 努力履行职务

汽车销售人员应该了解公司经营方针、销售目标，做好适合公司和自己的销售计划、日常记录和分析销售报表。

三、整车的利润

整车的利润由车身利润和周边利润两部分组成。

1. 车身利润

车身利润就是整车本身带来的收益，主要由以下几部分组成。

（1）车辆基本毛利

每个汽车厂家略有差异，通常为售价的4个百分点左右。比如10万元的汽车，基本毛利就是4000元。有些厂家基本毛利是固定的，比如某一时段，某车型基本返利为5000元等。

（2）任务奖

一般汽车4S店的销售任务由厂家指定，通常以季度为单位。一般完成率低于80%，则达标奖不合格；超过80%的任务完成率，通常按实际完成率来计算，奖励标准为售价的0.8%～1.2%。假设汽车销售顾问销售车辆价格以10万元计算，就是800～1200元。

（3）客户满意度

客户满意度由厂家指定第三方咨询公司进行调查，客户满意度奖通常在售价1%以内，客户满意度低的话，这一项是没有返利的。假设客户满意度很高，汽车销售顾问销售车辆价格以10万元计算，按照1%的奖励，就是1000元。

（4）管理奖

汽车厂家都有大区经理或者大区督导，也就是厂家进行现场管理、沟通、协调、指导的特派人员，他们每个月都会对自己品牌的汽车4S店进行打分评判，这个评判会影响车辆返利。管理奖不高，通常为0.5%～1%，假设现场管理水平很高，100%拿到管理奖，则按10万元计算，也就1000元。

（5）星级奖

有的汽车厂家按照年度销售、售后业绩、客户满意度、现场管理、市场拓展、品牌宣传、整车和配件订购量、团队表现等综合条件进行评定，每个汽车厂的奖励方式不一，具体由厂家当年制订。有些是固定的，比如五星汽车4S店奖励200万元、四星奖励100万元等；有些则是浮动的，由当年整车基本毛利总和再乘以一定比例（不同星级比例不同）而得出，比例通常最高不超过10%。

按照后面一种计算方法，一辆10万元的车返利4000元，五星级享受基本返利10%，也就是星级奖400元。

（6）促销奖

根据不同市场行情厂家给予补贴，不过都不多，10万元的车，促销奖往往是0～3000元，有些是没有的。

（7）超标奖

汽车厂家为了完成任务，往往会设超标奖，奖励额度为车价的1%～3%不等，具体由厂家根据市场情况制订。

（8）其他特别返利

基本很少。这里就不做详细讲解。

按照上面这些车身收益（按最理想情况计算的结果），一辆10万元的汽车，有多少收益呢？将上述内容全部整合，基本毛利 4000 元、任务奖 1000 元、客户满意度奖 1000 元、管理奖 1000 元、星级奖 400 元（五星级不好拿）、促销奖 3000 元、超标奖 3000 元（很难达到），总计 13400 元。

当然这仅仅是理想状况。实际销售工作中，往往有很多限制因素，达不到这样的整车利润。

2. 周边利润

所谓汽车周边利润，就是汽车精品、装饰、保险、按揭、上牌以及代办年审等服务项目所带来的收益。

（1）汽车精品和装饰

汽车精品有两种，原厂精品毛利被主机厂商控制，在 30% 左右，所以，更多的汽车 4S 店选择外购精品，利润 30% ~300% 不等，这种精品是汽车 4S 店拿来弥补车身亏损最重要的部分。

汽车精品有很多种，如防爆膜、挡泥板、地毯、转向盘锁、底盘防锈、香水、抱枕头枕、灭火器、车罩、立标、养护产品和大包围等。精品的利润通常在 50% ~100%。因此，建议整车销售顾问多向客户推荐送精品，少讨论现金折让。

（2）保险

保险返利现在越来越少，通常为保费的 10% ~15%。

（3）按揭手续费、上牌手续费、代办年审

这些项目利润很少，最多几百元到一千多元不等。

因此，汽车 4S 店并不喜欢客户购买裸车，建议汽车销售顾问多向客户推荐由 4S 店完成上牌等后续服务。

课后练习题

1. 简述汽车销售的定义与流程。
2. 简述汽车销售人员应具备的五个条件。
3. 整车的利润由哪两部分组成？

任务二 市场状况

【任务目标】

1. 知识目标

1）了解汽车市场状况的基本特点。

2）能按照不同的观点对汽车市场进行划分。

2. 技能目标

1）能对指定地域的汽车市场状况进行合理的分析。

2）能对所销售的汽车产品进行合理的分析。

3. 情感素养目标

1）培养克服了解汽车市场状况的困难并坚持的能力。

2）能审视自我的情绪控制能力。

【任务分析】

当公司要在某地开展汽车销售相关业务时，汽车销售人员能根据目前汽车市场现状调查整块区域的市场状态，从而帮助公司获得市场信息，合理布置销售网点规模，促进汽车整车产品的销售。

一、市场的含义及一般特征

1. 市场的含义、功用、特性

根据发展状况不同，市场有以下几个层次的含义。

1）市场是商品买卖和劳务转移的场所。

2）市场是商品交换关系的总和，即买卖行为关系的总和。

3）市场是商品的购买者，即用户。

4）市场 = 人口 + 购买力 + 购买欲望。

上述四种含义的理解，可以通过图 1-2-1 来表示。

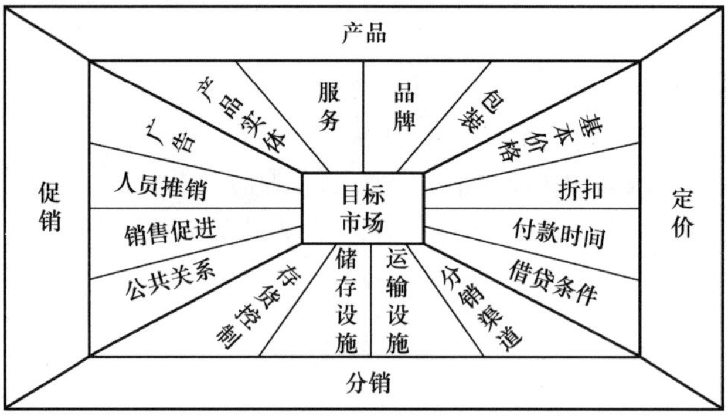

图 1-2-1　市场的四方位理解

2. 市场的功用

1）市场是进行商品生产的必要条件。

2）市场是联系生产和消费的纽带。

3）市场是企业进行竞争的场所。

4）市场是调节供求的一种手段。

3. 市场的特性

形成市场的基本条件：有买卖双方、有可供交换的商品、有买卖双方都能接受的交易价格及其他条件。具体的联系关系如图 1-2-2 所示。

形成买卖行为的三要素：消费者、购买力、购买欲望。

综上所述，汽车销售本质就是汽车整车这个产品在卖方（汽车销售商）及买方（购买汽车的顾客）之间的联系关系，这是汽车销售的核心内容。

二、我国汽车市场的类型

我国汽车市场的特点是市场随国民经济运行的波动而波动；汽车产品发展快，但开发能

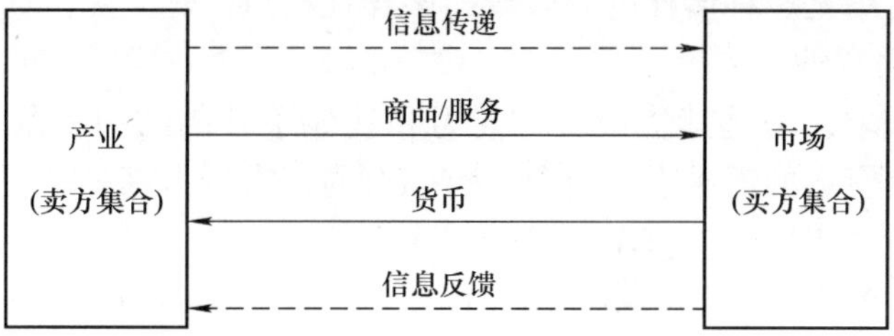

图 1-2-2 市场的买卖双方集合

力不足；汽车零部件工业落后于整车的发展；汽车及零部件服务贸易水平更为落后；价格过高制约着汽车工业的发展；巨大的潜在市场优势受政策环境制约；经济、政策因素对汽车消费市场影响较大；汽车消费结构的主体向个人购车转变。

（1）公务用车市场

公务用车指国家权力机关、职能部门、科研事业单位和社会团体等的用车。主要分为政务用车、业务用车。

具体特点：需求比较稳定，需求的实现依靠国家和地方的财政拨款。在需求品种上具有明显的以乘用车为主要车型、品种结构比较集中、市场规模巨大的特点，其需求以国家允许的范围为界限。

（2）商务用车市场

商务用车指生产企业和经营单位为生产经营而使用的各种车辆。

用户特点：与其他类型需求相比，其规模最大；它以生产发展和经营活动的拓展为原动力；以自身的经济实力为购车后盾。

（3）经营用车市场

经营用车指以汽车为资本，直接通过汽车运营盈利和发展的用车。例如，各个运输公司、各个城市的公交公司等。

用户特点：根据社会需求状况与经营效益来确定其规模。

（4）私人用车消费市场

私人用车指为满足个人（或家庭）各种需要的各类汽车。这是最有挑战性的汽车销售领域，市场特点如下所述。

三、私人用车消费市场的需求特点

汽车私人用车消费市场的消费者由于受经济、社会、文化等因素的影响，呈现出千差万别、纷繁复杂的形态。但从总体上讲，各种需求之间存在着共性。具体来说，有以下特点。

1. 消费需求的多样性

众多的汽车消费者，其收入水平、文化素质、兴趣爱好、生活习惯、年龄性别、职业特点、地理位置甚至民族传统、宗教信仰等方面都存在着不同程度的差异，因而在消费需求上也表现出不同的需求特性。

比如说，年轻人喜爱运动型的车辆，而老年人喜爱舒适型的车辆。再比如说，经常在道路条件较差的地域活动的人，所选择的车辆主要要求通过性要好（如越野车）；而主要是在城市范围（道路条件较好）活动的人，所选择的车辆主要要求舒适性要好（如轿车等）。总之，人们对汽车的需求是多种多样的，表现出多样性特点。

2. 消费需求的层次性

消费者的市场需求，是受其货币支付能力和其他条件制约的。在各类条件一定的情况下，他们对各类消费资料的需求有缓有急，有强有弱，有低有高，呈现出层次性。消费者由于在社会上所处地位的不同，对汽车需求的层次也就不同。

普通老百姓购买汽车的目的主要是作为代步工具，所选购的汽车大多为经济型，而某些私企老板或其他社会地位较高的人购买的汽车必须体现其身份和地位，所选购的车型大多为豪华型。社会阶层的存在，使得汽车的消费需求表现出层次性。

3. 消费需求的伸缩性

消费者市场的需求量，是由多种因素决定的。从外因来说，包括商品供应数量的多少、价格的高低、广告宣传的程度、销售服务的优劣等；内因则包括消费者取得该商品或服务的迫切性和自己的货币支付能力。因此，只要上述因素发生了变化，就会引起消费者市场需求的相应改变。这种改变既可能变多，也可能变少，从而表现出市场需求的伸缩性。

一方面，汽车作为一种高档耐用商品具有较强的价格弹性，即汽车的定价对汽车的个人需求有较大的影响；另一方面，这种需求的结构是可变的。当客观条件限制了这种需求时，它可以被抑制，或转化为其他需求，或最终被抛弃；反过来，当条件允许时，个人消费需求不仅会得以实现，甚至会发展成为流行消费。

4. 消费需求的可诱导性

对于大多数私人消费者而言，由于他们缺乏足够的汽车知识，在购买时要经历一个了解情况的过程，只要某种产品宣传得多，知名度高，即使质量与其他商品相同也会有人争购，这就决定了消费者市场需求的可诱导性。消费者往往会受到周围环境、消费风尚、人际关系、宣传报道等因素的影响，对某种车型产生较为强烈的需求。

例如，某学校的教师，由于最初有人购买了某款轿车，使用后感到该款轿车有价低、油耗低、质量好、方便灵活的特点，是很实用的代步工具。受其影响，后来这个学校的教师，先后有 10 多人购买了该款轿车。

5. 消费需求的可替代性

私人购买汽车在面临多种选择时，一般都要进行反复的比较、鉴别，也就是通常所说的“货比三家”，只有那些对私人消费者吸引力强、各种服务较好的商家的汽车产品才会导致消费者最终购买。也就是说，同时能够满足消费者需要的不同品牌或不同商家之间存在竞争性，消费者需求表现出可替代性。

6. 消费需求的发展性

消费者的市场需求不会静止在一个水平上，随着经济的发展和时代的进步，人们的生活水平不断提高，消费者对市场商品和服务需求也不断发展、变化。在原有的需求满足以后，又会产生新的需求，总的说来是由简单到复杂、由低级到高级、由数量的满足到要求质量充实的方向前进的。因此，汽车私人消费需求也是永无止境的，在不过分增加购买负担的前提下，消费者对汽车的安全、节能、舒适、功能以及豪华程度等方面的要求总是越来越高。

除上述特点外，消费者的市场需求还具有便捷性的特点，即要求购买、使用、取得和服务方便；季节性的特点，根据以往经验，汽车市场的火爆往往具有季节性、周期性、阶段性的特点；地域性特点，即不同地区有不同的需求，在特定时期内，经济发达地区的消费者达到这一收入条件的人比其他地区多，这一地区的汽车需求明显比其他地区高，从而表现出一定的在地理上的消费集中性。企业应认真研究和掌握这些特点，并以此作为市场营销决策的依据，更好地满足消费者需求，扩大商品销售金额，提高经济效益。

课后练习题

1. 简述市场的含义及一般特征。
2. 按照汽车购买市场，简述我国汽车市场的分类。
3. 简述私人用车消费市场的需求特点。

任务三 了解销售区域

【任务目标】

1. 知识目标

1）了解销售区域的地理、经济以及车型的销售型号。

2）了解销售区域的汽车消费水平。

2. 技能目标

1）能根据不同的途径了解销售区域的情况。

2）能根据销售区域的情况，有针对性地做出销售计划。

3. 情感素养目标

1）培养了解销售区域的潜力。

2）能审视自我的识别销售区域的能力。

【任务分析】

当你的公司进驻某块区域时，你需要通过各种切实有效的途径来了解这块区域的地理、经济以及车型的销售型号、汽车消费水平，为汽车销售活动提供决策依据。

一、销售区域的定义

销售区域是指在一定时期内分配给销售人员、销售部门、经销商、分销商的一组现有的和潜在的顾客。销售区域指的是“顾客群”。好的销售区域由一些有支付能力并乐意支付的消费者组成。

对于汽车销售区域而言，一般各家汽车 4S 店布局在不同的区域，但是销售群体不受整个行政区域的销售区域划分影响，简而言之，就是汽车 4S 店的汽车，可以销售到有需要的顾客手中，不受地理条件的影响。

二、销售区域概况

按照市场销售的层次推进，可以分为一、二、三级市场。目前，关于二、三级市场的划分标准，有三种主流的意见。

1. 按汽车消费市场推进的时间先后进行划分

比如北京、上海、广州、深圳等中心城市汽车消费发展较早，汽车市场保有量大，是一级市场；沿海地区的珠三角、长三角、成渝、胶东半岛、京津唐等城市群以及内地的省会城市汽车消费后来居上，是二级市场；经济较为发达的地级市则是三级市场。

这种划分方法以时间为轴，可以看出汽车市场发展的历史轨迹，也符合大部分汽车厂家渠道下沉的进程，是比较主流的划分方法。

2. 按行政区划为主要标准进行划分

按行政区划为主要标准，参考经济发展指标进行划分，是把一个省当作一个相对独立的市场，省会城市、计划单列市是一级市场；地级市是二级市场；县级市是三级市场。这种划分方法简单，容易理解，符合汽车市场的区域化特征，许多厂家在实施"一省一策"营销策略的过程中，基本上是按此执行的。图 1-3-1 是某车商依据行政区划的新增加经销商比例图。

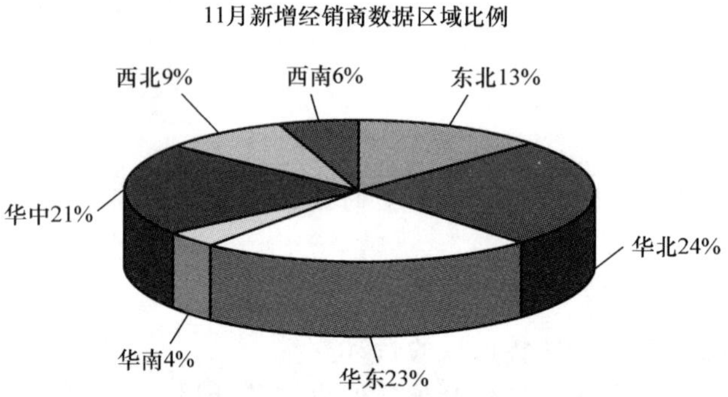

图 1-3-1　依据行政区划的销售区域

3. 按千人汽车保有量划分

根据国家信息中心提出的标准，按千人汽车保有量进行划分，将中国汽车市场分为六级。

千人汽车保有量 100 辆以上的地区定义为一级市场，如京、津、沪等地；千人保有量 40～50 辆的地区为二级市场，包括浙江、广东、江苏、山东、辽宁等地；千人保有量 30～40 辆的地区为三级市场，包括吉林、山西、河北、内蒙古、陕西、黑龙江、四川、福建等地；千人保有量 20～30 辆的地区为四级市场；五级市场和六级市场的千人保有量分别在 10 辆和 5 辆以下。

当然，二、三级市场的定义和划分标准存在争议是很正常的，在本质上，它不是一个学术问题，而是一个营销实践问题，每个厂家的优势市场和销量分布各不相同，其实没有必要强行制定统一的标准。只要汽车厂家都从战略上重视二、三级市场，并采取有针对性的营销策略与行动，这才是问题的核心。

三、区域渠道建设

目前，绝大多数的汽车厂家只给汽车 4S 店发放货源，而一般的汽车大排档、汽车城或二三级汽车市场并不能直接从厂家拿货，即使要拿货，也必须从所在地的汽车 4S 店那里进货。因此，汽车 4S 店的销售渠道主要有两种：展厅终端销售和网点销售。

1. 展厅销售

展厅销售是汽车销售最主要的渠道，通常占总销售量的 70%～80%。

2. 销售网点销售

除了展厅销售之外，汽车4S店通常还会建设自己的销售网络，也就是汽车销售网点，销量占总销量20%左右。比如广州市内的汽车4S店，它可能会开发清远网点、增城网点、从化网点甚至是粤西，如阳江、茂名等网点㊀。

3. 汽车4S店与销售网点的关系

汽车4S店和网点谈判好条件之后，确立合作关系，网点必须给汽车4S店支付一定金额的保证金，以保证车辆的安全，这种保证金通常为10万~50万元不等，主要看车的价格和放车的数量。网点交了保证金，便可免费拿到货源展示摆放，之后就进入终端销售。当汽车销售出去之后，网点必须到汽车4S店支付车款并开具发票上牌。因此二者的关系是互惠互利的。

如果在某种汽车畅销的情况下，汽车4S店变得十分强势，往往不轻易给网点车，因为自销的毛利更高，这个时候，网点便会看汽车4S店的脸色。

如果汽车销量不好，汽车4S店又变得非常弱势，往往会十分照顾和依赖汽车销售网点，比如低价供货、送货上门、派销售顾问上门支持、总经理亲自到销售网点拜访等。目的就是，一旦有订单立刻从汽车4S店这里拿货。

四、区域营销管理

销售区域的一个重要特征就是区域差异非常大，每一个地级市、每一个县城的消费者的审美习惯、消费需求、媒介接触习惯都有巨大的差异，同样一款车，在不同的地区，其竞争车型都各不相同。如果以一套营销策略涵盖区域内的所有城市，显然是不太现实的，但如果每个城市的营销策略都自行其是，势必导致管理上的混乱。

1. 差异化经营

我们知道，现在大部分汽车厂家的区域营销策略基本上是以大区为单位的，一个大区管理几个省份，这样可以更加贴近市场，提高市场反应速度。但是，这种管理体制很难顾及每一个地级市或小县城的差异化需求，这样制定的营销策略和计划在很多情况下是没有任何实际指导意义的。

所以，现在许多厂家，特别是自主品牌厂家，把销售大区拆分、细化，扩大省级区域经理的权限，实行“一省一策”制度，在实践中取得了明显的效果。相比之下，合资企业的步伐相对慢一些。前些年，一些主流的汽车厂家相继撤掉了销售大区，实行扁平式的渠道管理方式，由4S店直接对应厂家总部。

2. 二、三级市场的特点

选择4S还是选择1S，在区域渠道向二、三级市场下沉的过程中，汽车厂家不可避免地要碰到一个现实问题：一级城市的经销商不愿意跟着厂家“下乡”，而在二、三级城市又很难招募到经销商建设标准的4S店。

㊀ 网点的开发通常受到汽车厂家的区域管制限制，跨区销售的，厂家通常会给予严厉处罚。有些厂家处罚措施是跨区销售一辆，罚款1万元；而有些厂家则是将跨区销售车辆的返利和业绩全部算给举报方。

这就是一个悖论：一方面，二、三级市场发展潜力巨大；另一方面，具体到特定的区域，汽车市场的容量又非常有限。所以许多汽车厂家只能采取折中措施，因地制宜，建立1S展厅或带简单维修服务功能的2S店，还有一些厂家干脆鼓励一级城市的经销商“下乡”发展自己的二级网络，可以自建，也可以在当地寻找代理商。

在许多地级市的汽车市场上，可以看到，一些鼎鼎有名的国际大品牌只能采用小档口的形式，淹没在自主品牌的汪洋大海中。区域营销策略：打品牌战还是打价格战 受过营销专业训练的人，肯定都希望打品牌战，一些合资企业始终强调要走品牌营销的道路，然而这一策略在一级市场还有效，一旦营销触角延伸到地级市、县级市，就不可避免地陷入价格战泥潭，这也是许多合资品牌对开发二、三级市场始终心有顾虑的重要原因。

二、三级市场价格战此起彼伏，关键还是在于消费者对汽车品牌的认知度较低，几乎没有什么品牌忠诚度，而且获知汽车信息、了解汽车文化的渠道非常有限。在许多地级市，比亚迪的品牌号召力比丰田、日产还要强，这在一级城市是不可思议的事情。另一方面，前些年自主品牌在耕耘二、三级市场时，过于追求销量而忽视了品牌塑造，过多地推出低端产品，也让消费者习惯于购买低价产品。

不管如何，坚持品牌营销是中国汽车市场健康有序发展的正确方向，一级市场在发展的过程中曾经历了血腥的价格战，二、三级市场同样要经历这一过程。汽车厂家在开拓二、三级市场的过程中，不能仅盯着眼前的销量，而要着眼于未来，认真做好品牌推广和售后服务，特别要提高服务质量。

五、销售区域需要考虑的因素

销售区域目标：所要达成的目标必须明确，并尽量数字化。

销售区域边界：明确销售区域的边界，避免重复工作及业务摩擦。

销售区域市场潜力：了解市场潜力在哪里，有多大，如何利用才能使市场潜力变成销售市场，实现销售收入。

销售区域的市场涵盖：明确与客户的联系方式、与每位客户联系的频率。使销售人员有一个公平的市场潜力、收入及工作量，并使其认识到这些。

课后练习题

1. 简述销售区域的定义。
2. 关于二、三级市场的划分标准，有哪三种主流的意见？
3. 汽车4S店的销售渠道主要有哪两种？各有什么特点？
4. 简述区域营销管理私人消费市场的需求特点。
5. 销售区域需要考虑哪些因素？

任务四 展厅布置

【任务目标】

1. 知识目标

1）了解展厅布置的基本要求。

2）了解展厅布置的一些促销活动的方法。

2. 技能目标

1）能合理布置展厅。

2）能进行车展活动相关的展厅布置。

3. 情感素养目标

1）培养布置展厅所需要的能力及素质。

2）培养展厅布置所需要的细节能力。

【任务分析】

当公司准备参加一次车展活动时，你作为展厅布置人员，需要将展厅设计得整洁明亮、功能齐全、个性鲜明，注意展车的摆放角度和数量。

一、展厅布置要求

整车销售人员应依据整车的销售布置展厅，展厅布置应整洁明亮、功能齐全、个性鲜明。特别是展车的摆放，应注意车辆角度和车辆数量。各辆展车间的距离应远近适宜，而展厅中的洽谈区应靠近展车。图 1-4-1 为某车商的展厅布置鸟瞰图。

图 1-4-1　某车商的展厅布置鸟瞰图

二、展厅面积

汽车经销商的展厅可以依据实际情况，因地制宜进行布置。面积大的展厅，固然外观效果好，但是面积过大，就会导致难于管理。因此专业的汽车展厅，整体上主要考虑 3 个方面的内容：明亮、功能齐全和个性鲜明。

国外汽车经销商认为：展厅面积越大，功能就越容易被淡化。这样的说法或许是有一些原因的。在国外，每个汽车展厅都有自己的参观路线，门口的样车是看外观的，里面的可以触摸，顾客可以仔细了解车辆的特性，再往里是关于这种车型的详细介绍，包括厂方提供的资料和媒体评论。

三、汽车展厅的布局及要求

目前，比较成熟的汽车展厅区域，可以依据功能模块，具体分为商务洽谈区、展车区、顾客休息区、业务洽谈区、顾客接待台等几大功能区域。

1. 商务洽谈区

商务洽谈区一般是汽车销售员与购车客户之间的沟通与协调。这里要求采光效果好，适当地归拢四处闲逛的购车客户，有条件的话，在参观过程中还可以看见修理车间的工作景象。

商务洽谈区的风格，有西式与中式两大类型，主要营造出不同的展区理念。图 1-4-2 为西式风格，家具，特别是沙发以西式风格体现出来，呈现出简约、冷色调的感受。图 1-4-3 为中式风格，配合实木地板，中式沙发，呈现出温暖的家居风格。

图 1-4-2　某汽车销售的商务洽谈区（西式）

当汽车展厅面积大，行进路线容易混乱，如果让客户随意漫步，同样是参观一圈，效果会大打折扣。销售顾问在面积过大的展厅里也往往顾此失彼，难以为每个顾客全程陪同介绍。有的经销商还存在这样一个问题，一看没有顾客就关灯，偌大的展厅里采光不佳，形象当然也就不怎么样了。上述问题，均应该注意。

图 1-4-3　某汽车销售的商务洽谈区（中式）

2. 展车区

展车区按照习惯，一般展示该品牌的典型产品。例如，上海大众的车型有新领驭、朗逸、新途安、Santana Vista、志俊、Cross Polo、劲取、劲情、桑塔纳、桑塔纳3000和帕萨特等。

展厅橱窗门口，有条件可以安排3辆展车，分别展示该车的侧面、前面和后面。如果是当期主打车型、热销车型，应专门搭建展示台，给顾客留下尽可能深刻的印象。同样，如果汽车前面美观，也该放到主展示台上。每个展示厅都该有一个主展台。只是在展示前、后面时切忌正面对着大门，应该稍侧一下，否则颇显呆板。图1-4-4为某汽车销售商的主推车型，注意观察展示台及汽车前面。

图1-4-4 某汽车销售商的主推车型（展示台）

（1） 主展台的灯光运用

展车区要突出这类车型的流线形效果，就应充分利用侧光源而非投射光源。样车的摆放也不能随意，只要这样，就会使得顾客产生良好的视觉效果。

（2） 样车间距

依据经验，一般两辆样车间的距离在3~4个车门之间。车辆间距和汽车档次也有关系，家庭轿车间的距离可以稍近一些，给人以汽车超市的感觉，随着汽车售价的提高，之间的距离也应越来越大，到宝马、奔驰的层次，少放几辆压压阵就足够了。图1-4-5为某车商的展厅样车间距。

图1-4-5 某车商的展厅样车间距

样车展示讲求的是专业性，特别忌讳将不同品牌、不同型号的汽车比肩陈列，这种杂乱无章的大杂烩，会让顾客缺乏安全感。

3. 顾客休息区

顾客休息区主要是便于等待维修的车主或者作为购车顾客的休息之处，这个场所要求环境轻松、明亮，让顾客比较舒适，有良好的体验。具体要求如下。

1）保持整齐、清洁，沙发、茶几等摆放整齐并保持清洁。

2）桌面上备有烟灰缸，烟灰缸内若有3个以上（含3个）烟蒂，应立即清理；每次在客人走后立即把用过的烟灰缸清理干净。

3）设有杂志架、报纸架，各备有5种以上的杂志、报纸，其中含有汽车杂志、报纸。报纸应每天更新，杂志超过一个月以上需更换新版。

4）设有饮水机，并配备标准的杯托和纸杯。

5）需摆放盆栽绿色植物，以保持生机盎然的氛围。

6）配备有大屏幕彩色电视机（29in[⊖]以上）、影碟机等视听设备，在营业时间内可播放汽车广告宣传片和专题片。

图1-4-6为某车商的顾客休息区。

图1-4-6　某车商的顾客休息区

4. 业务洽谈区

业务洽谈区主要功能是便于商务洽谈，要求这里环境清幽、没有过多的噪声，桌椅摆放整齐有序，保持洁净，最好靠近前台，营造一种成交的氛围。有的时候，如果展厅面积小，可以和前面的商务洽谈区合并。图1-4-7为某车商的业务洽谈区。

图1-4-7　某车商的业务洽谈区

⊖ 1in = 0.0254m。

5. 顾客接待台

顾客接待台主要处理顾客的询问、引导及分流看车的人群，接听电话。顾客接待台后面，应有车商车型的 LOGO。

具体要求如下：接待台保持干净，台面上不可放有任何物品，各种文件、名片、资料等整齐有序地摆放在台面下，不许放置与工作无关的报纸、杂志等杂物。接待台处的电话、计算机等设备保持良好的使用状态。图 1-4-8 为某车商的顾客接待台。

图 1-4-8　某车商的顾客接待台

四、展厅整体布局

汽车销售商的展厅整体布局应该合理，有明确的 LOGO 便于识别，具体要求如下。

1）展厅内、外墙面，玻璃墙等保持干净整洁，应定期（1 次/半年）清洁。

2）展厅内部相关标识的使用应符合公司有关要求。

3）应按公司要求挂有标准的营业时间看牌，如图 1-4-9 所示。

图 1-4-9　某车商的汽车营业时间看牌

4）展厅的地面、墙面、展台、灯具、空调器、视听设备等保持干净整洁，墙面无乱贴的广告、海报等，如图 1-4-10 所示。

5）展厅内摆设有型录架，型录架上整齐放满与展示车辆相对应的各种型录，如图 1-4-11 所示。

图 1-4-10　某车商的汽车展厅内部布局

图 1-4-11　展厅内摆设有型录架

6）展厅内保持适宜、舒适的温度，依照标准保持在 25℃左右。

7）展厅内的照明要求明亮、令人感觉舒适，标准照度在 800lx 左右。

8）展厅内须有隐蔽式音响系统，在营业期间播放舒缓、优雅的轻音乐。

9）展厅内所有布置物应使用公司可提供的标准布置物，如图 1-4-12 所示。

图 1-4-12　展厅应采用可提供的标准布置物

课后练习题

1. 简述展厅布置要求。
2. 简述展厅面积与展厅布局的关系。
3. 比较成熟的汽车展厅区域，依据功能模块，具体分为哪些展厅？
4. 商务洽谈区的风格，有西式与中式两大类型，各有什么特点？
5. 样车间距是怎样的？

任务五 展车管理

【任务目标】

1. 知识目标

1）能叙述车辆展示的要点。

2）能叙述车辆展示执行标准。

2. 技能目标

1）能判断车辆展示是否符合规范。

2）能对照车辆展示执行标准进行练习。

3. 情感素养目标

1）培养展车所需要的能力及素质。

2）培养展车管理所需要的细节能力。

【任务分析】

在展车展示期间，你作为展车管理人员，需要保证展车的完好、布置位置合适且展车应具有安全措施。

一、展车的准备

1）展车轮胎下方应垫有轮胎垫，如图 1-5-1 所示。

图 1-5-1 展车轮胎下方应垫有轮胎垫

2）展车功能正常，前座窗户应放下，天窗应打开。

3）展车内不得放置任何宣传物品及私人物品。

4）展车内的部件位置都应调整至标准位置。

二、展车 5S 管理

展车调试完毕，为提高展厅展车管理，增加客户到店满意度，可以依据展场进行展车管理。

1. 展厅部分

1）展车前后均有车牌（前后牌），指示车辆名称、型号。

2）展车旁价格配置表应清洁，并且是最新市场指导价格，如图 1-5-2 所示。

图 1-5-2　展车旁应搭配价格配置表

3）展车旁应放置相应的展示工具，如展板、POP 等。

2. 展车外观

1）保持展车全车洁净，漆面清洁没有水痕，没有手印等污渍，如图 1-5-3 所示。

图 1-5-3　保持展车全车洁净

2）展车格栅应保持清洁，镀铬部位（前格栅、门把手、装饰条等）应保持清洁光亮，如图 1-5-4 所示。

图 1-5-4　展车格栅保持清洁

3）展车轮胎要保持光亮，轮胎蜡均匀适度。

4）轮毂中央车标应摆正，轮胎下放置轮胎垫，轮胎垫保持洁净，如图 1-5-5 所示。

5）排气管没有污渍，管内清洁，如图 1-5-6 所示。

图 1-5-5　轮毂中央车标应摆正

图 1-5-6　排气管没有污渍

3. 展车内部

1）展车不上锁，车窗关闭，配备天窗的车型则打开遮阳内饰板，钥匙不允许留在车内。

2）展车内座椅、饰板等塑胶保护膜须全部去除，真皮座椅应保持清洁，如图 1-5-7 所示。

3）展车内放置精品脚垫，脚垫应大小合适，保持清洁。

4）行李箱部位备胎、工具、千斤顶等齐全，行李箱清洁无杂物，如图 1-5-8 所示。

5）展车转向盘调整至较高位置（图 1-5-9），座椅头枕调整至最低位置，驾驶座座椅向后调，椅背与椅垫成 105°角，与前排乘员座椅背角度对齐一致。

图 1-5-7　塑胶保护膜须全部去除

图 1-5-8　行李箱清洁无杂物

6）展车时钟与音响系统预先设定，选择信号清晰的电台，并准备 3 组不同风格的音乐光盘备用。

7）仪表台、仪表板保持清洁，各操作按钮保持正常状态，洁净无污渍。

8）保持展车各储物空间清洁，无杂物。

4. 发动机室

1）发动机室洁净，不允许残留擦车布或者工具等异物，保持发动机室里的清洁。

2）发动机盖及其内部干净整洁，无水印、泥点，如图 1-5-10 所示。

图 1-5-9　展车的转向盘应调至合适位置

图 1-5-10　展车外观应整洁

课后练习题

1. 简述展车的准备过程。
2. 简述展车 5S 管理展厅面积与展厅布局的关系。

学习情景二

汽车商务服务

任务一　售前准备

【任务目标】

1. 知识目标

1）能叙述汽车销售的流程。

2）能叙述汽车销售团队的准备。

2. 技能目标

1）能判断汽车销售的流程是否符合规范。

2）能对照相关文件标准进行展厅、展车的准备。

3. 情感素养目标

1）培养汽车售前需要准备的能力及素质。

2）培养汽车售前所需要的细节能力。

【任务分析】

当一个客户来到汽车经销店，你作为销售顾问要负责接待，希望通过你的汽车售前准备工作，能为达成交易做好铺垫。

一、汽车销售流程概述

汽车销售流程是指汽车经销商从满足顾客购车需求出发，针对不同顾客在不同购买阶段的特点制订的销售措施。整个流程如图 2-1-1 所示。

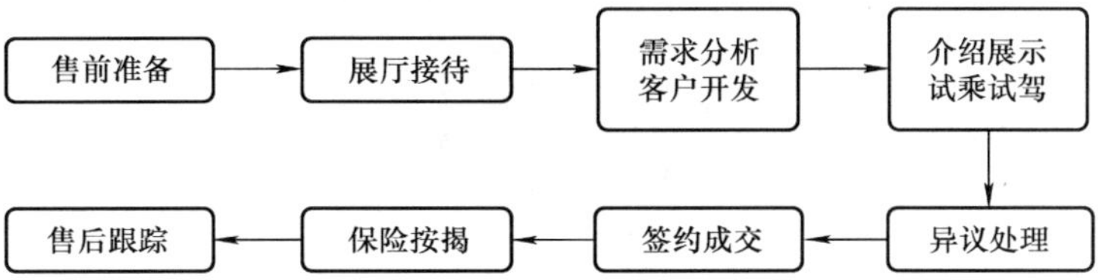

图 2-1-1　汽车销售流程

1. 汽车销售七步骤

第一步骤称为销售准备。包括客户资料的整理、客户需求的预估、充分了解顾客的心理等。

第二步骤是接近客户。好的接近客户的技巧，能带给你好的开头。在这个步骤中，汽车销售人员应掌握接待、拜访客户的技巧，电话拜访客户的技巧，销售信函拜访的技巧等。

第三步骤是进入销售主题。掌握好的时机，用能够引起客户注意以及兴趣的开场白进入销售主题，抓住进入销售主题的时机，如图 2-1-2 所示。

图 2-1-2　整车销售人员进入销售主题

第四步骤是调查以及询问。调查的技巧能够帮助你掌握客户目前的现况，好的询问能够引导你和客户朝正确的方向进行销售工作。同时，透过询问能找到更多的资料，支持你说服客户。

第五步骤是产品说明。整车销售人员应掌握产品特性、优点、特殊利益，将特性转换为客户利益的技巧、产品说明的步骤及技巧。整个流程如图 2-1-3 所示。

图 2-1-3　整车销售人员对产品说明应比较熟悉

第六步骤是展示的技巧。充分运用展示技巧的诀窍，能够缩短销售的过程，达成销售的目标。这个步骤中，需要掌握的是如何撰写展示词，展示演练的要点。

第七步骤是缔结。与客户签约，是销售过程中最重要的环节。

二、汽车4S店的组织架构

1. 汽车销售团队的架构及职责

先简单介绍一下汽车4S店的组织架构。汽车4S店的人数不多，少的有20～30人，多的也不过200多人，通常为80～100人。汽车4S店的基本结构就是“前店后厂”，二楼是管理部门办公区、会议室、培训室和客户活动中心，一楼是展厅和业务部门办公区。

其组织架构通常为总经理下辖5个部门，分别是人事行政部、销售部、售后部、市场部、财务部，各部门设一位部门经理或主管。而有关客服部的设立，每个厂家要求不一样，有些汽车4S店的客服部由售后部管辖、有些由市场部管辖，而福特4S店的客服部，则是独立的一个大部门。

各部门配置基本如下。

（1）人事行政部

人事行政部主要负责公司人事工作。通常设人事行政经理1名，人事专员和行政专员各1名，保安4～8名，有些还设勤务1名，清洁卫生工作通常外包。

（2）销售部

销售部主要负责整车销售工作。通常设销售经理1名，主任2～4名，有些还设展厅经理。销售部通常设2～4个营业课，每个营业课5人左右。关于大客户销售和网点销售，有些汽车4S店划归销售经理管辖，而有些则是独立部门，另设一位业务助理或接待员。

（3）售后部

售后部主要负责整车售后保养、维修工作。售后部人员最多，通常会占整个公司人数60%以上，基本结构是售后经理，下辖车间主管、前台主管、配件主管、保险业务主管等。而车间主管下辖机电组、钣金组、喷漆组、美容组等，其中车间人数最多。

（4）市场部

市场部主要负责企业的市场推广、市场营销等工作。通常由一名主管带一名专员。

（5）财务部

财务部主要负责公司财务，包括财务经理、会计、出纳、结算员等。

2. 汽车销售人员具备的基本素质

（1）应具备良好的职业道德规范

汽车销售人员应该具备良好的职业道德规范，主要内容如下。

1）遵守法律法规。

2）遵守规章制度。

3）掌握汽车销售技能。

4）规范汽车销售行为。

（2）应具备良好的心理素质

“精诚所至，金石为开”。汽车销售人员应具有良好的心理素质，才能够面对挫折不气馁。

（3）应具备良好的沟通能力

汽车销售人员可以用礼貌待客式、技巧推广式、个性服务式这三种模式进行沟通，其中，个性服务式更为有效。

(4) 应具备合理的知识结构

汽车销售人员应具备合理的知识结构，主要有以下内容。

1) 企业知识。

2) 产品知识。

3) 市场知识。

4) 用户知识。

三、售车相关资料的准备

汽车销售人员在售车前，应该准备好下列资料。

1. 报价单

报价单的格式，各家汽车销售企业可能有所不同，如图 2-1-4 所示。

汽车报价单

<table>
<tr><td colspan="2">填表日期</td><td colspan="4"></td><td colspan="2">销售顾问</td><td colspan="4"></td></tr>
<tr><td colspan="2">客户姓名</td><td colspan="4"></td><td colspan="2">客户电话</td><td colspan="4"></td></tr>
<tr><td colspan="2">欲购意向车型</td><td colspan="4"></td><td colspan="2">颜色</td><td colspan="2"></td><td>台数</td><td></td></tr>
<tr><td rowspan="2">车价</td><td colspan="5"></td><td colspan="2">发动机号</td><td colspan="4"></td></tr>
<tr><td>首付定金</td><td colspan="4"></td><td colspan="2">底盘号</td><td colspan="4"></td></tr>
<tr><td rowspan="8">一次性购车应付款</td><td colspan="3">上牌费</td><td colspan="2"></td><td colspan="4">精品件</td><td colspan="2">元</td></tr>
<tr><td colspan="3">车船税</td><td colspan="2"></td><td>序号</td><td colspan="2">项目</td><td>数量</td><td>原价</td><td>优惠价</td></tr>
<tr><td colspan="3">购置税</td><td colspan="2"></td><td>1</td><td colspan="2"></td><td></td><td></td><td></td></tr>
<tr><td colspan="3">精品费</td><td colspan="2"></td><td>2</td><td colspan="2"></td><td></td><td></td><td></td></tr>
<tr><td colspan="3">服务费</td><td colspan="2"></td><td>3</td><td colspan="2"></td><td></td><td></td><td></td></tr>
<tr><td colspan="3">一条龙服务费</td><td colspan="2"></td><td>4</td><td colspan="2"></td><td></td><td></td><td></td></tr>
<tr><td colspan="3"></td><td colspan="2"></td><td>5</td><td colspan="2"></td><td></td><td></td><td></td></tr>
<tr><td colspan="3">合计</td><td colspan="2"></td><td>6</td><td colspan="2">合计</td><td colspan="3"></td></tr>
<tr><td rowspan="5">保险明细</td><td colspan="3">保险</td><td>基本保费</td><td>9.5折保费</td><td colspan="2" rowspan="5">其他费用</td><td colspan="2">出库费</td><td colspan="2"></td></tr>
<tr><td>交强险</td><td colspan="2">个人</td><td></td><td></td><td colspan="2">临时牌照费</td><td colspan="2"></td></tr>
<tr><td colspan="3">车辆损失险</td><td></td><td></td><td colspan="2">牌照工本费</td><td colspan="2"></td></tr>
<tr><td colspan="2">第三者责任险</td><td>50万</td><td></td><td></td><td colspan="2">服务费</td><td colspan="2"></td></tr>
<tr><td colspan="2">不计免赔险</td><td></td><td></td><td></td><td colspan="2"></td><td colspan="2"></td></tr>
</table>

图 2-1-4 汽车报价单

2. 签约合同书

汽车销售人员应该准备汽车销售合同，汽车销售合同的格式，各家汽车销售企业可能有所不同，如图 2-1-5 所示。

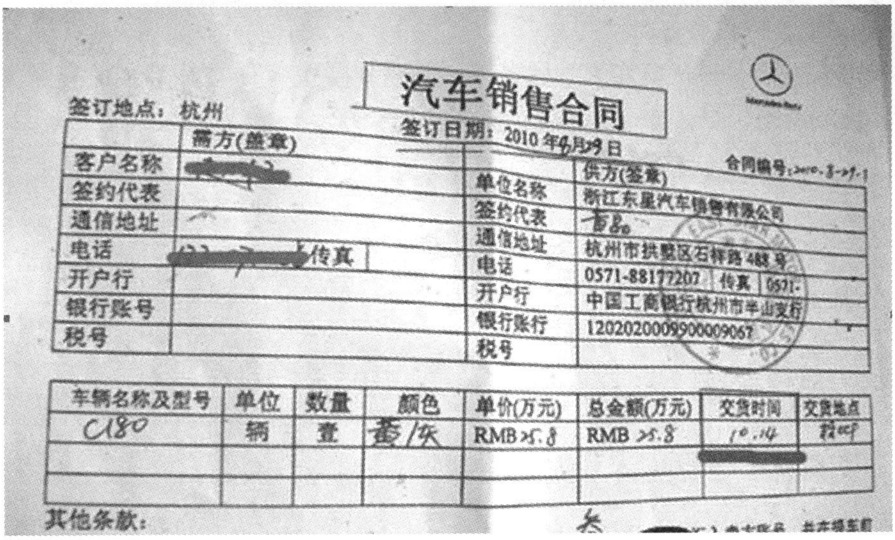

汽车销售合同

签订地点：杭州　　签订日期：2010年6月29日　　合同编号：2010.3-29.1

需方(盖章)		供方(签章)	
客户名称	[redacted]	单位名称	浙江东星汽车销售有限公司
签约代表		签约代表	
通信地址		通信地址	杭州市拱墅区石祥路488号
电话	[redacted] 传真	电话	0571-88177207 传真 0571-
开户行		开户行	中国工商银行杭州市半山支行
银行账号		银行账行	1202020009900009067
税号		税号	

车辆名称及型号	单位	数量	颜色	单价(万元)	总金额(万元)	交货时间	交货地点
C180	辆	壹	黄/灰	RMB 25.8	RMB 25.8	10.14	杭州
						[redacted]	

其他条款：

图 2-1-5　汽车销售合同

3. 保险相关资料

汽车销售人员应该准备相关的汽车保险资料，汽车保险销售合同的格式，依据各家保险公司的条款决定，如图 2-1-6 所示。

车牌号码：	厂牌型号：
发动机号：	车架号：
行驶区域：中华人民共和国境内(不含港、澳、台地区)□　　其他□	
使用性质：非营业□　营业□　座位/吨位：　/	行驶证初次登记年月：　年　月
保险期限：自　年　月　日零时起至　年　月　日二十四时止	
投　保　险　别	
车辆损失险：保险价值 (新车购置价)：　元 保险金额：　元	车上责任险：(人员)投保座位数：　座 每座限额：　元 (货物)赔偿限额：　元
第三者责任险赔偿限额：　元	车辆停驶损失险：　元/天×　天
全车盗抢险保险金额：　元	玻璃单独破碎险：□
自燃损失险保险金额：　元	不计免赔特约险：□
车载货物掉落责任险赔偿限额：　元	无过失责任险赔偿限额：　元
新增加设备损失险保险金额：　元	
特别约定：	
当投保车辆超过一辆时，请填写投保单附表，共　页。　投保车辆合计：　辆	
本投保人兹声明上述各项填写内容均属事实，同意按本投保单所列内容和机动车辆保险条款以及特别约定向贵公司投保机动车辆保险，并对责任免除和被保险人义务条款明确无误。以此投保单作为订立保险合同的凭据。 投保人签章：　电话： 日期：　邮政编码：　联系地址：	
以下内容由保险公司填写	
核保情况 核保人签字：	

图 2-1-6　汽车保险资料

4. 按揭（贷款）相关资料

汽车销售人员依据购车顾客的具体条件，适当准备按揭（贷款）相关资料，资料依据各家保险公司的条款决定，如图 2-1-7 所示。

机动车辆抵押借款合同

甲方(借款人、抵押人):

身份证号:

住址:

乙方:

甲乙双方经协商一致就机动车辆抵押借款的事项达成如下合同:

第一条、抵押车辆品牌: ____________ 型号: ____________ 数量: ____ 台机动车牌号码: __________

车架号码: ____________________ 发动机号: __________________________

第二条、借款金额: 人民币: ______ 元整(大写人民币 __________ 元整)，抵押车辆

评估价值: 人民币 ________ 元。

第三条、借款期限: ______ 年 ____ 月 ____ 日至 _____ 年 ____ 月 ____ 日

第四条、如甲方未能履行此约定，乙方有权提前终止合同并向甲方追索借款本金、利息、综合费用及违约金，行使抵押权。

第五条: 抵押的范围包括:

《机动车辆抵押借款合同书》项下的借款本息与综合服务费，实现债权和抵押权的费用(包括抵押登记费、律师费、诉讼费、申请执行费、拍卖或变卖费等)、罚息、以及应支付的违约金、赔偿金等。

图 2-1-7 按揭（贷款）相关资料

课后练习题

1. 用框图的形式，描绘汽车销售的流程。
2. 简述汽车 4S 店的组织架构。
3. 简述汽车销售人员应该准备的资料。

任务二 自我介绍

【任务目标】

1. 知识目标

1）知道如何向客户做自我介绍。

2）了解在做自我介绍中应遵循的礼仪。

2. 技能目标

1）能简明扼要地向客户做自我介绍。

2）能通过自我介绍引起客户对自己的重视。

3. 情感素养目标

1）培养自我介绍的能力及素质；

2）培养自我介绍的能力。

【任务分析】

当一个购车客户来到汽车经销店，你作为销售顾问需要负责接待，希望通过你的自我介绍，能让客户感到你很专业，乐于助人，并值得信赖。

一、向客户做自我介绍

汽车销售顾问应先面带微笑地简单介绍自己（例如：您好，我是您本次的服务顾问……），同时双手递给客户名片（名片正面朝上，名字正向客户）。具体动作及流程如图2-2-1所示。

其次询问先生或女士贵姓（注意称呼方式，比如，北方人比较避忌称呼小姐），接下来大概询问客户的需求（如购车顾客想了解什么样的车型、车款等），讲解时态度要诚恳，仔细聆听客户的需求，并做好笔记（包括颜色、车型、用途等。顺带了解一下客户的心里价位）。然后依据具体情况，向客户简述公司的品牌历程。

图 2-2-1　汽车销售顾问向购车顾客介绍

如无特殊情况，在和客户沟通的过程中不要接听电话，不和其他人闲聊，不东张西望（但也不要老盯着客户看）。必须接电话时要向客户先打声招呼：“不好意思，我先接个电话。”在得到客户的同意后方可接听。

二、自我介绍中的礼仪

1. 自我介绍中微笑的礼仪

汽车销售人员一定要学会微笑，这是购车顾客在进店的第一感受，如图 2-2-2 所示。具体的注意细节如下。

1）要与对方保持正视的微笑。

2）高于对方视线的微笑会让人感到被轻视。

3）低于对方视线的微笑会让人感到有戒心。

4）眼睛要正视对方，要有胆量接受对方的目光（注意：是坦诚而不是瞪眼）。

2. 自我介绍中目光的礼仪

汽车销售人员在与顾客交谈时，两眼视线应落在对方的鼻间，偶尔也可以注视对方的双眼。恳请对方时，注视对方的双眼。为表示对顾客的尊重和重视，切忌斜视或光顾他人、他物，避免让顾客感到你没有礼貌和心不在焉。道别或握手时，更应该用目光注视对方的眼睛。具体如图 2-2-3 所示。

图 2-2-2　自我介绍中微笑的礼仪

图 2-2-3　自我介绍中目光的礼仪

3. 自我介绍中声音的礼仪

汽车销售人员在与顾客交谈时，应发音愉悦，没有浓重的地方口音；尽量所有字的发音都正确；在语言的表达方面，语法应正确；在内容方面，不说令人厌恶的话语，不要一再使用口头禅；在语速方面，速度适中；音调不要过高，声音听起来应圆熟和稳重。

4. 自我介绍中问候语的礼仪

汽车销售人员在与顾客交谈时，应该注意一些问候语的礼仪，使得购车顾客感觉到无微不至的关怀。例如：

您好！欢迎光临！我是销售顾问 ×××，很高兴为您服务！

请问您是来保养？还是看车？若您是第一次来店，让我给您介绍一下吧！

5. 自我介绍中握手的礼仪

汽车销售人员在与顾客握手时，一定要伸右手，伸左手是不礼貌的。伸出的手掌应当垂直，这是通常的习惯。

在握手的时候，掌心向下，会有显示傲视之嫌；掌心向上，有谦卑之态。握手的时间以 3～5s 为宜，关系亲近的当然可以长时间相握。用力大小也应适度。

若是用力太猛、太重，会把对方握疼，是没有礼貌的行为；若是太轻，甚至用指稍微碰一下，会让对方觉得你在敷衍、冷淡他。

课后练习题

1. 简述向客户做自我介绍的细节。
2. 简述自我介绍中微笑的礼仪应注意的细节。
3. 简述自我介绍中目光的礼仪应注意的细节。
4. 当一位购车顾客进店，你如何对购车顾客进行问候？

任务三 交递名片

【任务目标】

1. 知识目标

1）能叙述在交递名片时的礼仪。

2）能叙述在交递名片时的注意事项。

2. 技能目标

1）能按照礼仪规范交递名片。

2）能判断交递名片的方式是否合乎礼仪规范。

3. 情感素养目标

1）培养交递名片时自我介绍的能力及素质。

2）能掌握初次见面控制自我情绪的能力。

【任务分析】

当一个客户来到汽车经销店，你作为销售顾问需要负责接待，在向客户做自我介绍的过程中，希望通过你递交的名片，能让客户更加深入地了解你的信息，从而方便与你联系。

一、交递名片时的礼仪

当一个客户来到汽车经销店，你作为销售顾问负责接待，在向客户做自我介绍的过程中，此时应该注意如下事项。

1）起身站立，走上前。

2）双手或右手拿名片。

3）正面对着对方。

4）右手的拇指、食指和中指合拢，夹着名片的右下部分，使对方好接拿，以弧状的方式递交于对方的胸前。

5）如遇外宾，将英文的一面对着对方。

6）递名片时，应说“请多指教”“多多关照”“常联系”或做自我介绍，如图2-3-1所示。

7）与多人交换名片时，由近而远，由尊而卑。

8）交换次序：位卑者应当首先将名片递给位尊者。

图2-3-1 递名片时，多说一些客气话

二、交递名片时的不礼貌行为

汽车销售顾问在交递名片的时候，应该忌讳如下不礼貌行为。

1）左手递名片。

2）名片背面对着对方。

3）名片颠倒着面对对方。

4）名片举得高于胸部。

5）以手指夹着名片给人。

三、接受客户名片时的礼仪

在接收客户名片时，应该注意的礼仪如下。

1）起身站立，面含微笑，目视对方。

2）双手捧接，或以右手接过。

3）接过名片后，从头到尾认真默读一遍，意在表示重视对方。

4）接受他人名片时，应使用谦敬语，如“请您多关照”“请您多指教”，如图2-3-2所示。

图2-3-2 接受名片时，多说一些客气话

四、接受客户名片时的不礼貌行为

在接收客户名片时，应该忌讳如下不礼貌行为。

1）接名片无反应。

2）只用左手接过名片。

3）接过名片后看也不看。

4）将名片手头把玩。

5）将名片弃之桌上。

6）将名片装入衣袋。

7）将名片交予他人。

8）接受名片时，一言不发。

五、向客户索要名片的方法

1）向对方提议交换名片。

2）主动递上本人名片。

3）询问对方：“今后如何向您请教？”

4）询问对方：“以后怎样与您联系？”

5）销售人员要千方百计留下客户的名片，例如：王先生可不可以请教一张您的名片？

这样我们搞活动可以邀请您参加？

课后练习题

1. 简述交递名片时的礼仪。
2. 简述交递名片时的不礼貌行为。
3. 简述接受客户名片时的礼仪。
4. 当一位购车顾客进店，你如何向客户索要名片？

任务四 展厅接待

【任务目标】

1. 知识目标

1）能叙述展厅接待涉及的基本礼仪。

2）了解展厅接待礼仪的具体内容。

2. 技能目标

1）能熟练掌握展厅接待礼仪。

2）能判断展厅接待中哪些方式不合礼仪。

3. 情感素养目标

1）培养展厅内接待顾客的能力及素质。

2）能掌握初次接待顾客，控制自我情绪的能力。

【任务分析】

当一个客户来到汽车经销店，你作为汽车销售顾问需要负责接待，希望通过你的仪表、仪态和礼仪，能让客户感到你很专业，乐于助人，并值得信赖。

展厅接待通常有六种基本礼仪。

1. 微笑礼仪

作为汽车销售顾问，首先需要面带微笑，微笑应该作为首要的礼仪。简而言之，就是三个方面：声情并茂、气质优雅、表现和谐。具体的微笑礼仪，如图2-4-1所示。

图2-4-1 汽车销售顾问的微笑礼仪

2. 目光礼仪

汽车销售顾问需要用目光注视客户，此时应注意的事项如下。

（1）注视时间

一般来说，注视对方的时间占总时间的1/3左右，表示友好；而不足1/3则表示轻视。占到2/3左右，表示重视；超过了2/3，则表示兴趣十足或者怀有敌意。因此汽车销售人员应该注意上述事项。图2-4-2为汽车销售顾问的目光礼仪。

（2）注视角度

在目光礼仪中，地位相当的人交流时常用平视，侧视对方含有轻蔑不敬之意，仰视表示尊重敬畏，俯视表示对晚辈的宽容，也可表示轻慢。汽车销售人员是代表汽车销售企业的形象，因此，行为方面不要过于谦卑，或者过于傲慢，应该处于一个合理的范围之内。目光注视的角度，如图 2-4-3 所示。

图 2-4-2　汽车销售顾问的目光礼仪

图 2-4-3　目光注视的角度

（3）注视部位

短时间注视对方双眼，称为关注型注视；注视对方额头，称作公务型注视；注视对方眼部至唇部，称为社交型注视。这个根据汽车销售人员与购车者之间的实际情况，具体执行。

3. 问候礼仪

当客户进展厅时，销售人员应主动为其开门，面带微笑主动上前用规范的问候引导手势礼仪，迎请客户进门，并致以问候。

4. 握手礼仪

握手应用右手，不可戴手套，握手时间一般在 1 ~3s 为宜，握手力度不可毫无力度或者用力过猛，要面带微笑注视对方。

握手注意事项如下。

1）女士与男士之间，应由女士先伸手。当然，这个需要灵活处理，若是女性的汽车销售人员，也可以主动和购车顾客握手。

2）身份和地位不同者之间，应由身份和地位高者先伸手。年长者和年轻者之间，应由年长者先伸手。这些均是关于握手的礼仪，应依据实际情况而定。

3）当完成汽车介绍工作，购车顾客显示需要离开店面等情况时，可以等待购车顾客主动提出握手请求，而不要过于主动，否则就认为是希望顾客早点离开。握手的具体动作，如图 2-4-4 所示。

5. 自我介绍礼仪

等到购车客户入店，汽车销售顾问在进行自我介绍的时候，应该先向客户点头致意，得到回应后再向对方介绍自己。此时汽车销售顾问可以依据具体的情况，向来店顾客介绍本店的各种车款与车品。

6. 交换名片和距离礼仪

（1）名片的准备

汽车销售人员应该拥有自己的名片夹，平时可放在上衣口袋，注意保持名片和名片夹的整洁和干净。由于准备了名片夹，从侧面体现了公司的管理规范和实力，从而得到购车顾客的认同与接纳，同时由于名片是自己掏出来的，显得比较正式，很用心。带名片的状况，如图 2-4-5 所示。

图 2-4-4　握手的具体动作

图 2-4-5　汽车销售人员带名片的状况

（2）递名片

递名片时，应说些寒暄语，且名片上的字体要正对对方。

（3）接受名片

起身、双手接收，要认真地看一遍；存放时，不要掉落地上；离开时请勿将对方的名片遗忘在座位上。

（4）距离礼仪

汽车销售人员与进店的购车顾客，从初次见面到交谈的深入，可以将交谈时之间的距离适当进行控制及调整。当然，若购车顾客是异性，可以将两者之间的交谈距离控制在适当的范围，一方面使得双方交流比较融洽，另一方面也显得比较庄重。

关于交谈之间的距离，如图 2-4-6 所示。

空间层次	距离	适用范围	与社交活动的关系
亲密空间	15～46cm	最亲密的人	社交不能侵犯这一区域
个人空间	46～120cm	亲朋好友之间	将社交活动按照适当的方式，适时地进入这一空间，会增进彼此之间的情感和友谊，取得社交的成功
社交空间	1.2～3.6m	凡有交往关系的人都可以进入空间	彼此保持一定的距离，会产生威严感、庄重感
公众空间	大于3.6m	任何人都可以进入的空间	在此空间，看见曾有过联系的人，一般都要有礼节地打招呼

图 2-4-6　交谈之间的距离

课后练习题

1. 简述微笑礼仪三个方面的要求，并相互之间在同学们面前展示。

2. 简述目光礼仪三个方面的注意事项。

3. 简述握手礼仪的注意事项，并相互之间在同学们面前展示。

4. 当一位购车顾客（可以由同学扮演）进店，请用你的动作，向顾客展示展厅接待的礼仪。

任务五　服务技能

【任务目标】

1. 知识目标

1）了解基本的汽车销售顾问服务技能。

2）了解掌握和运用汽车销售顾问服务技能的方法。

2. 技能目标

1）能够掌握汽车销售顾问服务的各种技能。

2）能够灵活运用汽车销售顾问服务的各种技能。

3. 情感素养目标

1）培养服务技能的能力及素质。

2）能掌握初次对购车顾客服务，控制自我情绪的能力。

【任务分析】

作为一名汽车销售顾问，必须具备基本的服务技能，通过你的服务使客户满意。同时，提升公司形象，为公司创造价值。

作为一名汽车销售顾问，一般需要掌握以下几点技能：客户开发、潜在客户评估、客户档案管理、销售准备、电话接待、展厅接待、需求分析、不同客户销售应对和六方位绕车介绍等。

1. 客户开发

作为汽车销售顾问，首先要有客户。怎样开发客户？用什么样的方法开发客户？这里简单介绍六种常用客户开发方法。

（1）从认识的人中发掘。

汽车销售顾问可以依据自己所掌握的客户资源，认真进行挖掘，可以用电话邀请等形式请他们来店参观，具体情况如图 2-5-1 所示。

每个人都有一定的社交圈，在这些认识的人中，有些可能成为潜在的客户。此时，可以与以前的朋友、同学、老师等联系，告诉他们你现在做汽车销售。与关系较好的朋友联系之后，再转向熟人。如果方法正确，他们会为你提出一些好的建议，你就有可能谈到一个大顾客。在这个寻找的过程中，任务就是沟通，让更多的人知道、了解你现在所从事的职业。

（2）从自己 4S 店获取名单

一般4S店都会提供业绩名单，汽车销售顾问可以从这些名单中寻找到潜在的客户。仔细查看过去顾客名单，不仅可以让其成为将来的客户，还能获得其推荐的客户。

(3) 从社会机构中获取信息

商业联系比社会联系更容易。借助于私人交往，可更快地进行商业联系。不但考虑在生意中认识的人，还要考虑政府职能管理部门、协会、驾驶人培训学校、俱乐部等行业组织，带给你的将是其背后庞大的潜在客户群。

图2-5-1 从认识的人中发掘客户资源

(4) 从有车一族中挖掘

有车一族是最好的潜在客户，因为他们一般是高收入群体，有的可能会买更贵的车，而不仅仅是一辆。何况，车辆到期后是要强制报废的，也就是需要二次购车。如果是购买高档车辆的客户，其换车时间肯定早于强制报废时间。

因此，需要经常与其接触，随时关注其动态，可以在换车时，使其顺利地成为你的客户。同时，由于这些客户的社交圈一般也是高收入群体，与这些客户保持联系，这些客户的社交圈无疑也是你的潜在客户群。有车一族的惬意生活图片，如图2-5-2所示。

图2-5-2 有车一族的生活图片

(5) 从车辆展会中搜集信息

车展是获取潜在客户的重要途径之一，事前需要准备好让专门的人员搜集顾客的资料、顾客的兴趣点以及现场解答顾客的问题。

对于来展会咨询的客户，都要认真对待，尽可能取得他们的联系方式，以便日后跟踪联系。如果是特别感兴趣或购买意向特别强的客户，要尽可能地邀请其去门店参观，做进一步的洽谈。

(6) 从本店网站或汽车论坛中获取信息

从本公司销售汽车的网站中，可以获取对本公司感兴趣的人的信息，在相关论坛的留言、咨询中也可以捕获信息。具体操作如图2-5-3所示。

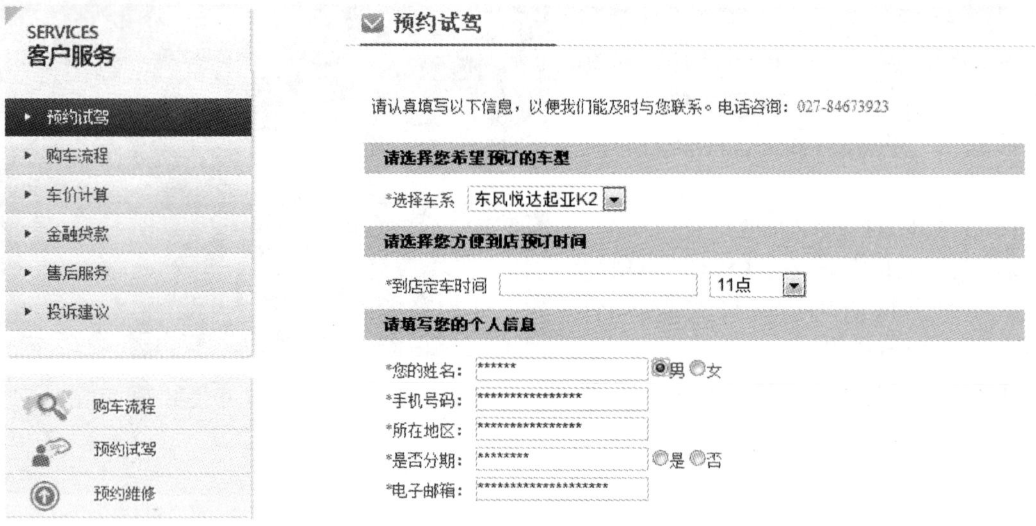

图 2-5-3　从本店网站搜集客户信息

2. 潜在客户评估

于潜在客户的评估，是作为汽车销售顾问所必需的技能之一。因为一个人的时间和精力是有限的，如果想在最短的时间内获得最好的业绩，就必须寻找到真正的客户。

汽车销售顾问对于客户的评估，主要采用的是 MAN（钱 – 决策权 – 购买需求）法则。其主要内容如图 2-5-4 所示。

（1）M（Money）——钱

汽车销售顾问首先需要考虑的是客户是否有购买力，是否具有消费此类产品或服务的经济能力。但是，想要准确判断客户是否具有购买力并不是一件简单的事情。汽车销售顾问切记不可以仅从外表来对客户的经济能力进行判断，特别是在华南地区，不要过分以貌取人。

1）企业客户。对于企业客户，汽车销售顾问考察其购买力，可以检索该企业的运营资本、公司网站，从侧面了解企业客户的实力。具体如图 2-5-5 所示。

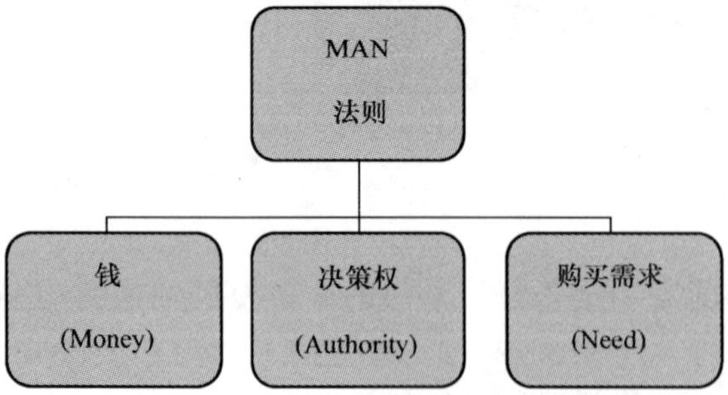

图 2-5-4　客户的评估的 MAN 法则

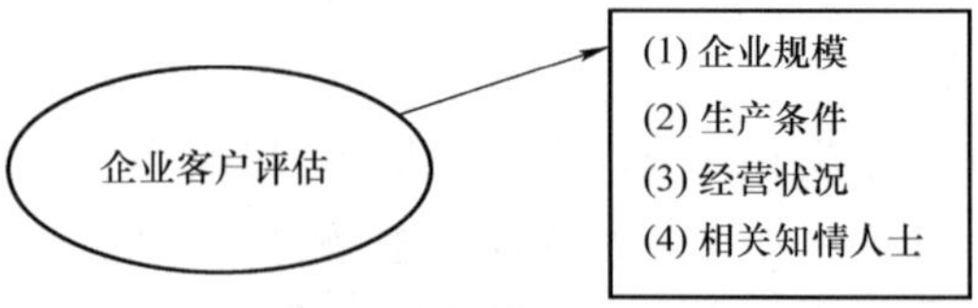

图 2-5-5　对企业客户购买力的评估

2）个人客户。对于个人客户，可以尽量了解其家庭财务状况，留意通过交谈获得的信息，还可以从其他方面进行分析判断，甚至到征信网站查阅其个人征信。具体如图 2-5-6 所示。

（2）A（Authority）——决策权

作为汽车销售顾问，需要注意所极力说服的对象是否有购买决策权，否则，可能只是徒劳。想要成功地销售，关键是准确地了解真正的购买决策人。有关购买决策权，具体如图 2-5-7 所示。

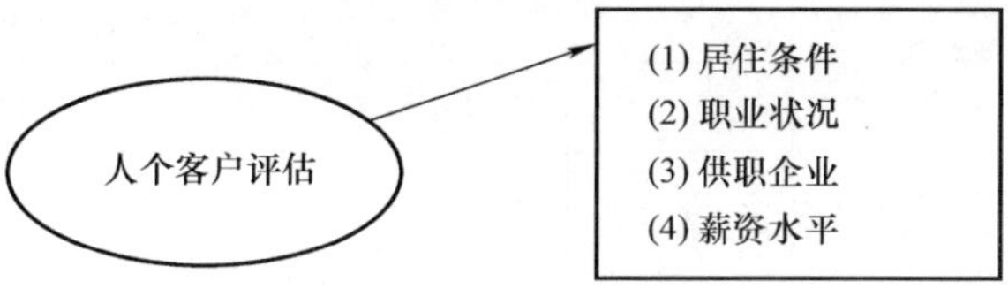

图 2-5-6 对个人客户购买力的评估

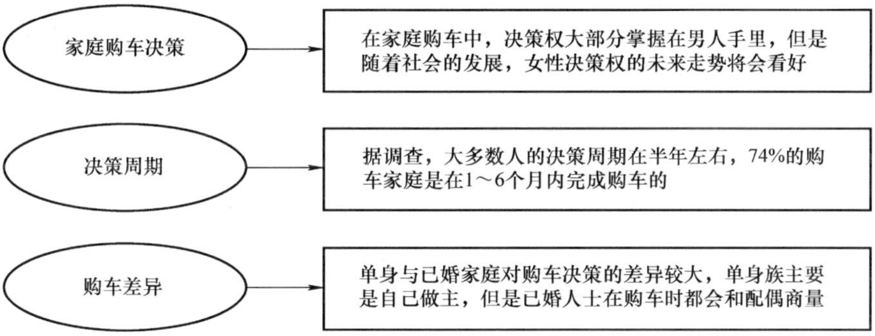

图 2-5-7 对真正的购买决策人的评估

（3）N（Need）——购买需求

客户有购买需求是销售成功的一个重要条件，一般购车的目的是作为上下班代步工具、商务活动需要、娱乐、彰显生活品位。当然，需求不是一成不变的。作为汽车销售顾问，要明白需求不仅可以满足，还可以创造。要想成功地销售，就必须去发现需求，创造需求。

3. 客户档案管理

汽车销售顾问对于客户档案的管理，常常直接影响到销售业绩，如何有效地利用客户档案，对档案进行管理，是汽车销售顾问所必备的技能之一。

（1）客户类别

汽车销售顾问可以按交易次数将客户分为 A、B、C 类。

1）A 类（基本往来户）。基本往来户是指长期往来、成交次数多的客户。汽车销售顾问对于基本往来户的档案资料需要随时更新，所以要经常与客户保持联系，保证资料的准确性。

2）B 类（一般往来户）。一般往来户是指经济实力不强，但有业务成交的客户。汽车销售顾问对于一般往来户，可以周期性保持联系，掌握客户最新状态。具体操作如图 2-5-8 所示。

图 2-5-8 汽车销售顾问与一般往来户的沟通

3）C 类（普通往来户）。普通往来户是指一般性交往，尚无业务成交的潜在客户。对于潜在客户，汽车销售顾问可以在特定的节日进行问候，保持联系，但是切记不可以中途中断。

（2）客户档案登记表

客户档案登记表，具体细节如图 2-5-9 所示。

客户档案登记表

序号	类别	车辆配置		生产日期		出库日期	
1	车辆基本信息	车辆底盘号		发动机号		车牌号	
		合格证号		车辆型号		车辆颜色	
2	购车信息	购车价格	元（实际销售价格）			发票号	
		付款方式	○ 一次付款 ○ 分期付款				
		交车日期		开票日期		上牌日期	
3	客户联系方式	客户姓名		身份证号		方便联系时间	
		移动电话		固定电话		电子邮箱	
		通信地址		省(市)		邮政编码	

图 2-5-9 客户档案记录表

（3）私家购车客户信息

私家购车客户信息应包括客户姓名、婚姻状况、购车用途、单位性质和所从事的行业等，具体如图 2-5-10 所示。

私家购车客户信息表

序号	类别			
1	客户姓名		性别	○男 ○女
2	婚姻状况	○ 未婚 ○已婚		
3	购车用途	○家用(私用) ○商用(公用) ○家商兼用 ○营运(出租/租赁/驾校/长途客运)		
4	单位性质	○国有企业/国有股份制企业 ○政府机关 ○个体经营/自由职业 ○外资企业/合资企业 ○事业单位 ○没有工作单位 ○民营企业/私营企业 ○社会团体 ○其他		
5	行业	○农/林/牧/渔 ○批发/零售业 ○居民服务/其他服务业 ○采矿业 ○住宿/餐饮业 ○制造业 ○教育 ○建筑业 ○金融业 ○国际组织 ○房地产业 ○交通运输/仓储/邮政业 ○电力/燃气/电生产供应业 ○卫生/社会保障/社会福利 ○文化/体育/娱乐业 ○租赁/商务服务业 ○公共管理/社会组织 ○水利、环境和公共设施管理业 ○无业 ○其他		

图 2-5-10 私家购车客户信息表

课后练习题

1. 简述基本的汽车销售顾问服务技能。
2. 简述常用六种客户开发方法。
3. 简述客户的评估 MAN 法则。
4. 当一位购车顾客进店，你如何了解这个客户的实力？

学习情景三 认识客户

任务一 客户概述

【任务目标】

1. 知识目标

1）了解客户的含义。

2）正确认识客户。

2. 技能目标

1）能正确认知与客户之间的关系。

2）能分清内部客户和外部客户。

3. 情感素养目标

1）培养认知客户的能力及素质。

2）面对客户，具有察言观色的能力。

【任务分析】

在生活和工作当中，你要能够弄清你与客户之间的关系，能够正确认识这种关系，这样才能够提升客户服务满意度，从而能够服务更多的客户。

一、客户的含义

客户或顾客指可以用金钱或某种有价值的物品来换取接受财产、服务、产品或某种创意的自然人或公司。

据此理解购车客户的第一层含义是“购买汽车的人”，第二层含义是“汽车销售人员与之打交道的人”

二、正确认识购车客户

1）购车客户是公司里最重要的人物，不管他是亲自来电还是上门看车。

2）购车客户不靠我们而活，而汽车销售人员却少不了他们。

3）购车客户不是来打扰我们工作的，他是汽车销售人员所有努力的目标。

4）购车客户不是我们争辩或斗智的对象，我们要很好地维系客户与企业的关系。

5）购车客户是把需求带到我们面前的人，让他满意，使我们得利是我们的职责。

三、顾客购车心理分析

汽车销售人员在接待购车顾客后，需要进行购车客户购车动机的分析。

1. 顾客的心理特征

人是群体动物，不可能离群索居，过着鲁滨孙式的漂流生活，因此人在社会当中就会产生一种“自我评价”和“自我存在”的心理——即对周围事物的价值观念。每一位顾客在购买行为产生以前，都会存在着某一种心理特性——我买产品，能满足什么需要？

（1）顾客心理不变的四种法则

1）想要获得。人都有想要获得的心理，包括健康、时间、金钱、安全感、赞赏、舒适、青春与美丽、成就感、自信心、成长与进步、长寿等。

2）希望成为。人都有希望成为的心理，比如：希望成为好的父母、容易亲近的、好客的、现代的、有创意的、对拥有财产的骄傲、对他人有影响力、有效率的、被认同的等。

3）希望去做。人都有希望去做的心理，以表达他们的人格特质、保有私人领域、满足好奇心、模仿心、欣赏美好的人或事物、获得他人的情感、不断地改善与进步。

4）希望拥有。人都希望拥有别人“有”的东西、别人“没有”的东西、比别人“更好”的东西。无论如何，顾客都有“想要”的心理意识，虽然人类欲望漫无止境，但有人即使一辈子努力也不一定能心满意足地获得他“想要”的所有东西。

具体而言，按照顾客的购买动机分类，可以划分如图3-1-1所示。

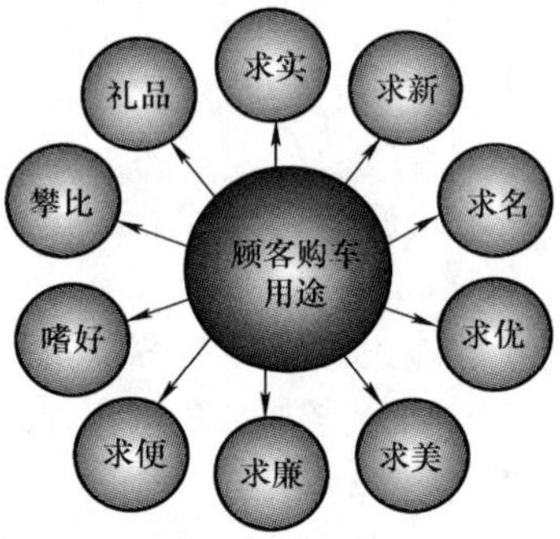

图3-1-1　顾客的购买动机分类

（2）顾客购买动机分析

可以依据购车顾客的特点，将其分为如图3-1-2所示类型。

用途	目的	关心	忽略	特征
求廉	价格低廉	价格、优惠	式样及质量	经济收入较低或节俭
求便	方便、省事	简单、迅速地完成交易过程	对车辆本身不大挑剔	事业性的男性顾客
嗜好	个人兴趣爱好或性趣	偏好的车型、配置	品牌、质量	不受广告宣传的影响
攀比	争强好胜、炫耀	车型、配置	实用性	较大的盲目性
礼品	完成一个心愿	品牌、质量	价格	不太挑剔，成交速度快

图3-1-2　顾客购买动机分析

2. 顾客购车心理变化轨迹

按照购车顾客的心理变化，可以绘制出顾客购车的心理变化图，如图3-1-3所示。

3. 顾客购车心理的七阶段

汽车销售顾问在接待购车顾客的时候，需要注意顾客购车心理的七个阶段。分别表述如下。

1）注意——咦！这是什么车？

2）兴趣——这辆车看起来很有意思！

3）联想——用起来不知如何？

4）欲望——真想试一试！

5）比较——是不是我最适合的？

6）信心——会不会有问题？

7）行动——决定买了！

因此，汽车销售顾问依据购车心理的七阶段，对应展厅销售流程活动，如图 3-1-4 所示。

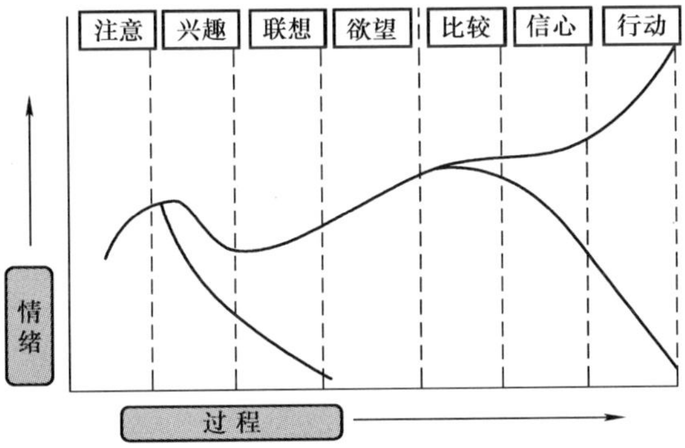

图 3-1-3　顾客购车心理变化轨迹图

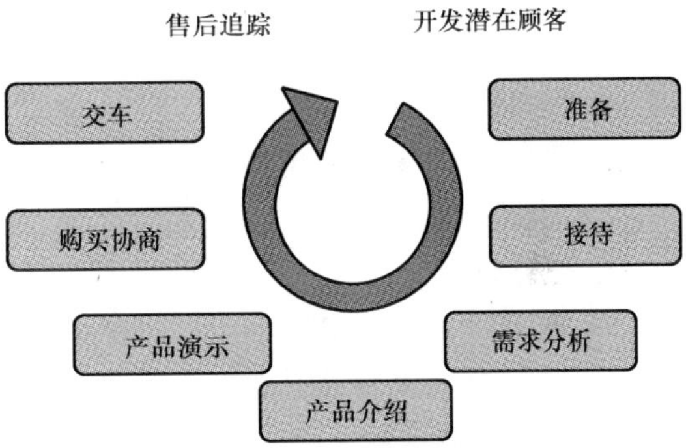

图 3-1-4　汽车销售顾问依据购车心理的七阶段对应展厅销售流程

4. 不同顾客的购车心理特点

（1）老年顾客的购买心理特点

老年顾客通常表现如下。

1）喜欢购买使用习惯的车。

2）购车习惯稳定且不易受购车广告影响。

3）希望购车方便舒适。

4）对汽车销售人员的态度反应敏感，在乎自己的年龄与健康。

（2）中年顾客的购买心理特点

中年顾客通常表现如下。

1）多属于理智型购买，比较自信。

2）讲究经济实用。

3）喜欢购买被证明实用且价值高的优秀产品。

4）对能节约时间的话题感兴趣。

（3）青年顾客的购买心理特点

青年顾客通常表现如下。

1）对消费时尚敏感。

2）购买具有明显的冲动性。

3）购买动机易受外部因素影响。

课后练习题

1. 汽车销售人员面对购车顾客，如何理解顾客的属性？
2. 如何正确认识购车客户？
3. 简述汽车销售顾问依据购车心理的七阶段。
4. 简述老年、中年、青年顾客购车心理特点。

任务二 潜在客户开发方法

【任务目标】

1. 知识目标

1）了解潜在客户的定义。

2）了解潜在客户的开发方式。

2. 技能目标

1）能够开发潜在客户。

2）能够制定潜在客户开发的方案。

3. 情感素养目标

1）培养开发潜在客户所需的能力及素质。

2）开发潜在客户，需要具有的能力。

【任务分析】

你所在的公司需要生存，除了需要维护好老客户外，更需要不断开发潜在的新客户，这就需要你了解潜在客户开发方式，知道潜在客户有哪些来源，能够制定出详细的客户开发方案。

一、潜在客户

潜在客户指的是对企业或者销售商销售的东西有需求同时又具有购买力的人。

二、潜在客户挖掘

汽车销售顾问要明确目标客户群，以花费最少的时间寻找潜在客户。明确目标客户群需要进行细致的客户界定分析。汽车销售顾问在企业及潜在客户之间的定位关系如图 3-2-1 所示。

1. 客户分析

汽车销售人员可以从客户的收入、年龄、职业、家庭、文化、地域和社会阶层等方面入手。

（1）客户收入

汽车销售顾问在界定客户的诸多特征中如何寻找潜在客户，收入是最为明显的一个特征。

对于中国普通的老百姓来说，汽车同房子一样是一件大宗消费品。也就是说，购车与

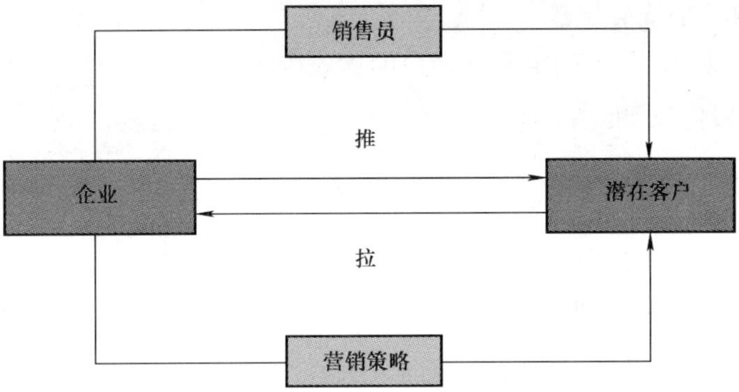

图 3-2-1　汽车销售顾问在企业及潜在客户之间的关系

否、购什么车与口袋里的钱以及银行的存款数额有关，很少有人愿意打肿脸充胖子，即使去银行贷款也需要先衡量一下自己的收入，否则会背负太多的压力。

此外，汽车销售顾问必须明白不同收入水平的顾客对汽车的选择是完全不一样的。那么根据收入不同如何寻找潜在客户呢？一般情况下，拥有上千万资产的客户是不会选择一辆几万或者十几万的诸如桑塔纳、捷达之类的国产车，普通的工薪阶层通常也买不起四五十万元一辆的奥迪。

反过来说，不同档次汽车的销售所面对的客户群体是不一样的。中高档轿车面对的是高收入群体，经济型家庭轿车面对的是“小康”一族。

（2）客户购车心态

作为汽车销售顾问，在如何寻找潜在客户上应该根据汽车销售人员所销售的汽车档次、价格定位，分析目标客户群的收入特征，并进一步分析这部分人群的社会阶层、兴趣爱好以及购车心态等。

（3）客户年龄特征

年龄结构是消费结构的一个重要组成部分。从年龄上如何寻找潜在客户对汽车销售顾问的业绩非常重要。从生活习惯和对生活享受的要求来看，每一个年龄段的人都可能会有特定时代的烙印，但也有一定的共性。

三、购车顾客的来源

1. 寻找客户的渠道

一般而言，寻找客户的渠道很多，按照其特性可分为一般渠道及特有渠道两大部分。

（1）一般渠道

寻找客户的渠道比较多，大概可分为“走出去”和“请进来”两种。“走出去”是指利用各种形式的广告、参加车展、召开新闻发布会、进行新车介绍等。“请进来”主要是指在展厅里接待客户，邀请客户前来参加试乘试驾，召开新车上市展示或接受客户电话预约等。

（2）特有渠道

1）定期跟踪保有客户。

2）定期跟踪保有客户的推荐。

3）开发售后服务站外来的保有客户。

2. 确定开发客户的优先等级

客户开发成功以后，还要确定开发客户的优先等级。

四、潜在顾客开发的准备

1）顾客开发的准备。

2）详细了解和熟悉产品。

3）熟悉汽车产品销售的政策。

4）了解销售过程中的各项事务。

5）了解竞争产品的优劣之处。

6）了解客户。

7）了解客户真实的购买动机。

五、制订客户开发方案

1. 明确各个要素

首先要确定开发的对象，考虑与他接触的方式。

2. 要有耐心和毅力

方案制定出来并不能确保这个方案一定成功，需要经过反复的努力才能成功。

3. 把握与客户见面的时间

与客户见面一般在上午10:00或下午15:00比较合适。与客户见面，如图3-2-2所示。

图3-2-2 与客户见面

4. 与客户见面时的技巧

首先观察客户的办公室环境，客户有哪些爱好，你可以称赞他的办公环境布置得非常协调，这也是一个话题；其次观察客户对话题的兴趣度；最后要揣摩客户真正的目的，充分把握第一次见面的和谐。

课后练习题

1. 简述潜在客户的定义。
2. 如何挖掘潜在客户？
3. 简述购车顾客的来源。
4. 简述制定客户开发方案的思路。

任务三 潜在客户档案的建立及推进

【任务目标】

1. 知识目标

1）客户档案的建立。

2）潜在客户的推进。

2. 技能目标

1）能建立完善的客户档案。

2）能按程序完成潜在客户沟通推进。

3. 情感素养目标

1）培养开发潜在客户推进所需的能力及素质。

2）潜在客户推进可能会遇到阻力，要有良好的心理适应能力。

【任务分析】

当一个客户来到汽车经销店，你作为销售顾问需要负责接待，希望通过你的仪表、仪态和礼仪，能让客户感到你很专业，乐于助人，并值得信赖。

一、潜在客户档案的建立

潜在客户档案具有一整套的体系。一般按照接触客户的循序渐进原则，有来（店）电顾客登记表、潜在顾客登记推进表、销售活动日报表、客户管理卡四种，每种均有负责管理的填写人、审核人、类型，如图 3-3-1 所示。

表格名称	填写人	审核人	类型
来店(电)顾客登记表	值班销售员	销售经理	展厅客户管理
潜在顾客等级推进表	销售员	销售经理	顾客意向等级动态管理
销售活动日报表	销售员	销售经理	销售人员活动管控
客户管理卡	销售员	销售经理	客户分类管理

图 3-3-1　不同客户档案的类型

图 3-3-2 为某汽车销售店潜在来（店）电顾客登记表及顾客登记推进表。

编号	产品名称	潜在客户		预定合作时间				预算金额	报价表编号	竞争者	结果
		客户名称	接洽人(电话)	一个月内	三个月内	六个月内	一年内				

图 3-3-2　来（店）电顾客登记表及顾客登记推进表

实际上，此图表既能够完成来（店）电的顾客登记，又可以完成客户的跟踪及推进。

通常指第一次来店（电）的顾客，大家共用一张表，当日填写完成交销售经理检查审核后，确认内容真实，没有遗漏，由信息员（内勤）存档管理。

二、潜在客户的推进

汽车销售顾问根据促销活动、潜在客户信息的收集（首次到店 + 首次来电的客户）建立客户卡，将客户转化为潜在客户。通过潜在客户的挖掘维系，最后促成订单或者成交。具体汽车销售潜在客户推进需要落实的是电话预约率、登门拜访、促销活动通知、试乘试驾活动等。具体操作如图 3-3-3 所示。

图 3-3-3 潜在客户的推进

课后练习题

1. 潜在客户档案包括哪些具体内容？
2. 汽车销售顾问通过什么方式对潜在客户进行推进？

任务四 客户维护与回访

【任务目标】

1. 知识目标

1）了解客户维护与回访的目的。

2）了解客户维护与回访的重要性。

2. 技能目标

1）能定期进行客户维护与回访工作。

2）能制定客户维护与回访工作的计划。

3. 情感素养目标

1）培养客户维护与回访所需的能力及素质。

2）客户维护与回访可能会遇到阻力，要有良好的心理适应能力。

【任务分析】

作为一名汽车销售服务顾问，你服务过的客户，无论他是否购车，他都是非常重要的潜在客户，需要你通过客户维护和回访工作从中挖掘出客户。

一、客户维护

1. 客户的重要性

著名的营销专家曾经说过：你所遇到的每一个人都有可能为你带来至少200个以上的潜在客户。从反面来看，当一个顾客由于不满意离你而去时，你失去的不仅仅是一个顾客——你将切断与至少200个潜在顾客和客户的联系，并有可能导致重大的损失以至于你的销售业绩在刚刚走上正轨的时候就跌一大跤。企业的核心价值就是客户价值，顾客才是上帝，如图3-4-1所示。

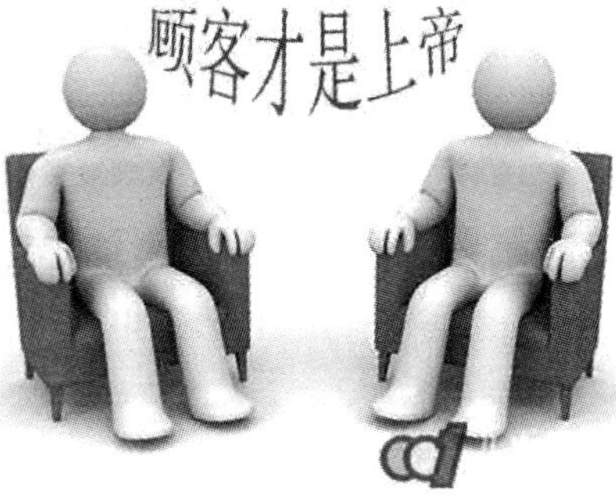

图3-4-1　客户的重要性

2. 如何将客户价值最大化

汽车销售人员应该将客户价值最大化。体现在下列方面。

1）以购车客户为中心，实现销售汽车、汽车维修一体化。

2）将购车客户信息作为企业的战略性资产来管理。

3. 客户价值

汽车销售人员应该认识到购车客户的价值。体现在下列方面。

1）历史价值。到目前为止已经实现的客户价值。

2）当前价值。如果购车客户当前的行为模式不改变，在将来会给公司带来的价值。

3）潜在价值。通过有效的交叉销售从而增加的价值。

4. 合格的服务与好的服务

汽车销售人员面对购车顾客，应该认识到客户的价值。体现在下列方面。

1）站在对方的角度，理解他的需求，并以对方愿意接受的方式提供解决问题的劳动。

2）好的服务，能理解对方的需求，并以对方喜欢的方式提供超出对方期望的劳动。

远近闻名的沃尔玛，其服务理念有三条。

① 客户永远是对的！

② 如果客户错了，请参照第一条！

③ 服务要发自内心，人的外部活动是内心的表现，没有一颗愿意服务的心，学习再多的服务技巧也是枉然。

5. 遇到客户我们该做什么

1）把客户当朋友看，以心相待。（拉拢关系，先不推销产品，降低客户戒备心理）

2）换位思考。（客户最想解决的问题）

3）承诺的东西一定要兑现。（信誉很重要）

4）小恩小惠买人心。（小礼品适时发放）

二、电话回访

1. 电话回访的定义

电话回访：汽车销售人员通过电话设备与客户进行访问、访谈。电话回访可以紧密维护购车顾客关系。电话回访的主要优点是方便、快捷、省时、灵活，如图 3-4-2 所示。

图 3-4-2 汽车销售顾问对购车客户进行电话回访

2. 电话回访的意义

电话回访可以减少客户投诉，便于主机厂电话回访顾客，有利于汽车销售商的考核评分；增进与客户的感情，提升客户的满意度；促进终端营销。

汽车销售人员通过电话回访，搭起企业和客户以及其他部门间的一座桥梁，是客户和企业连接的纽带。电话回访除了代表企业或公司对客户做一些基本的问候和关怀外，更重要的是通过和客户的交流分析出客户的意愿，以便协调其他部门来实现客户意愿。客户意愿达到了，那么客户也满意了，忠诚度也就上来了。

3. 做好电话回访

汽车销售人员在电话回访中，应该注意以下细节。

（1）注重回访内容

在电话回访之前有一个明确的主题，是汽车销售、汽车新品宣传、汽车维修提示还是其他服务等，电话回访人员要有一个明确的目标。交谈时，尽量把主要精力集中在这些主题上，有针对性地和客户交流，以此提高电话回访效率。

（2）把握客户需求

电话回访的意义是要体现我们的服务，维系购车客户关系，了解购车客户想什么、要什么、最需要什么，如果在电话回访前或在回访时能够掌握或获取一些客户信息，及时提供相应的支持，将大大提升客户的满意度。

1）聆听。汽车销售人员应仔细聆听客户需求，建立信任。当专心聆听时，客户就觉得你重视他，就不会存有对汽车销售人员的排斥心理。

2）询问。开放性问题，5W1H——Why（理由）、When（时间）、What（内容）、Who（对象）、Where（场所）、How（方法）。

（3）确定合适的回访方式

1）首次回访。这样可以让购车客户感觉到汽车销售企业的诚信与责任。回访的时间要合理，如购车顾客买车后两天或一周为时间段，进行首次电话回访。

2）回访之后，可以让购车客户感觉企业的专业化。特别是在回访时发现了问题，一定要及时给予解决，最好在当天或第二天。

3）特殊日期回访。在节假日或有纪念意义的日子回访客户，同时送上一些祝福的话语，以此加深与客户的联系。这样不仅可以起到亲和的作用，还可以让客户感觉到一些优越感。

（4）记录完整的回访信息

1）避免下次与客户交流时间相同的问题。

2）便于不同的客服人员为同一个客户提供帮助。

3）若客户不接受电话回访也应记录下来，便于客服人员选择其他的服务方式。

（5）善于总结

汽车销售人员通过电话回访，可以总结经验教训，转换成自己的成长日记，这本日记会成为你的宝库。

（6）电话回访时需要注意的礼节

1）了解时间限制。

通话时机：最佳的通话时间有两个，一是双方预先约定的时间，二是对方方便的时间。

通话长度：对通话长度控制的基本要求是以短为佳，宁短勿长。

2）斟酌通话内容。事先准备、简明扼要、适可而止。

3）控制通话过程。

4）注重通话细节。确认通话对象、征询通话者是否方便接听电话、不要忘记最后祝福和感谢。

课后练习题

1. 客户维护的重要意义是什么？
2. 简述电话回访的定义。
3. 如何做好电话回访？
4. 电话回访时需要注意哪些礼节？

任务五　客户管理系统应用

【任务目标】

1. 知识目标

1）了解客户管理系统（CRM）应用的目的。

2）了解客户管理系统（CRM）应用的优势。

2. 技能目标

1）能熟练应用客户管理系统进行客户信息管理。

2）能对客户系统收集到的客户信息进行分析和制作相应报表。

3. 情感素养目标

1）培养掌握客户管理系统的应用能力及素质。

2）将客户管理系统的客户资料仔细甄别，培养仔细的工作作风。

【任务分析】

作为一名专业的汽车销售服务顾问，每天都在接触不同的客户，每个客户的情况都不一样，老客户还在不断跟进，新客户也在不断开发。大量的客户信息每天都在不停地更新，如何高效管理客户信息至关重要，这就需要应用到强大的客户管理系统予以支持。

汽车销售服务顾问每天都要开许多总结会议，管理者和员工耗费了大量的时间与精力，又对公司经营起不到任何帮助，原因在哪里？客户信息不清楚。怎么样保留老客户？怎么样降低客户流失率？这样的混乱情况，如图 3-5-1 所示。

图 3-5-1 汽车销售服务顾问面对大量的问题

一、客户管理系统（CRM）应用的目的

1. 降低客户流失率

CRM 能够全景展示客户信息，合理分配客户资源，建立完善的企业信息资源管理平台，实现有效客户关系管理。B/S 架构方便地管理分布在全国乃至世界各地的销售团队和经销商。

2. 合理安排员工工作

如何对员工的工作进行安排，作为个人和团队都是非常关键的，工作日报、周报、月报，工作计划在 CRM 系统中一目了然，领导可对下属进行点评，进行工作指示，建立企业高效协同配合机制。

3. 完善管理制度

没有一套良好的管理制度是万万不行的，整个企业就会像一盘散沙，毫无凝聚力可言。在 CRM 中，合同、费用报销、销售单据、采购申请等，按角色分配权限，支持多级审批，流程清晰明了。

4. 提高销售业绩

多方位管理，找出获取销售机会最好的来源。销售人员每天的工作信息，包括客户跟踪记录、上门拜访、新增客户、订单合同等完全展示在 CRM 系统中。

二、客户管理系统（CRM）应用的优势

1. 信息化客户管理

汽车销售企业在长期的经营过程中，积累了大量的购车顾客资料信息。为此，将零散的客户信息进行规范化的整合，形成可共享、完整、准确、统一的客户信息数据库，可以更精

确反映出客户需求，方便企业提供有针对性服务，有效提高客户忠诚度，此外还避免了离职员工带着客户离开或交接不清的情况发生。从某种意义上说，CRM能弥补企业信息的短板，如图3-5-2所示。

2. 标准化业务流程

标准化业务流程融合了市场营销、销售服务、IT技术和企业管理的综合理念，让企业员工有目标、有计划、有步骤地提高执行力，实现办公高效率。提升效率如图3-5-3所示。

图3-5-2　弥补企业信息的短板

图3-5-3　标准化业务流程可以提升效率

3. 智能化商业分析

汽车销售人员可以依托智能化的商业分析，检查本公司销售的车型、车款，了解购车顾客的信息，为汽车销售做出有价值的判断与分析；提高客户资料利用率，深度挖掘客户需求，多维度的数据分析，科学预测市场趋势，帮助汽车销售企业制定营销策略并预测销售业绩。

三、客户管理系统（CRM）应用的价值

1. 对于总经理层级

客户管理系统对于总经理层级，可以了解汽车销售团队运作状况，做出全面营销决策，制定公司运营策略，提高营业收入和市场份额，降低营销成本和经营风险，全面提升企业的经营管理效率，同时调整营销收入与预算的差距，有利于汽车销售企业进行全局性营销，如图3-5-4所示。

图3-5-4　客户管理系统对总经理层级决策影响

2. 对于销售（市场）总监层级

客户管理系统对于销售（市场）总监层级，可以实时掌握汽车销售回款情况，全面监测销售过程，推进销售速度，缩短汽车销售周期，提高汽车销售顾问的成单率；提高每一单的客户贡献值，合理分配线索，根据销售机会配置最优的资源；企

业内部知识库，优秀销售人员的经验可复制；客户联系信息记录完整，提升汽车销售业绩。客户管理系统对于销售（市场）总监层级，如图 3-5-5 所示。

图 3-5-5　客户管理系统对销售（市场）总监层级决策影响

3. 对于客服经理层级

客户管理系统对于客服经理层级，可以提高客户服务代表的服务效率，增强服务能力，更容易捕捉和跟踪服务中出现的问题，减少投诉和抱怨，提高客户满意度，有效处理各位汽车销售人员的销售情况，分析汽车销售人员的营销策略，便于共享和交流，评定汽车销售人员的绩效，团队管理得心应手。客户管理系统对于客服经理层级，如图 3-5-6 所示。

图 3-5-6　客户管理系统对于客服经理层级决策影响

课后练习题

1. 简述客户管理系统（CRM）应用的目的。
2. 简述客户管理系统（CRM）应用的优势。
3. 简述客户管理系统（CRM）应用的价值，请按照总经理层级、销售（市场）总监层级、客服经理层级分别阐述。

学习情景四

客户需求

任务一　客户需求认知

【任务目标】

1. 知识目标

1）了解客户需求。

2）了解客户需求的方法。

2. 技能目标

1）能够了解客户需求。

2）掌握了解客户需求的方法。

3. 情感素养目标

1）培养掌握客户需求的能力及素质。

2）将客户管理系统的客户资料进行仔细甄别，培养仔细的工作作风。

【任务分析】

当一个购车客户来到汽车经销店，你作为汽车销售服务顾问，要了解客户需求，从而有针对性地与客户交流沟通，增强客户购买欲望。

一、了解客户的需求

1. 分析客户需求的流程

1）现今的销售是以客户为中心的顾问式销售，是在汽车销售市场竞争非常激烈的情况下进行的，要给客户提供最贴心的服务。

2）要更加深入地了解客户的购买动机，对购车客户的需求进行分析，提供一款最适合客户的车型。

整个流程如图 4-1-1 所示。

2. 冰山理论——显性和隐性

汽车销售理论里有一种说法，对表面的现象称为显性问题，又称显性动机，对隐藏的现象称为隐性动机。对此，有种形象的比喻冰山理论。如图 4-1-2 所示。水面以上的部分是显性的，就像客户自己知道的、能表达出来的那一部分。水面以下的是隐藏着的那一部分，就像是有的客户连他自己的需求是什么都不清楚。

销售人员既要了解客户的显性需求，也要了解他的隐性需求，这样才能正确分析客户的需要。

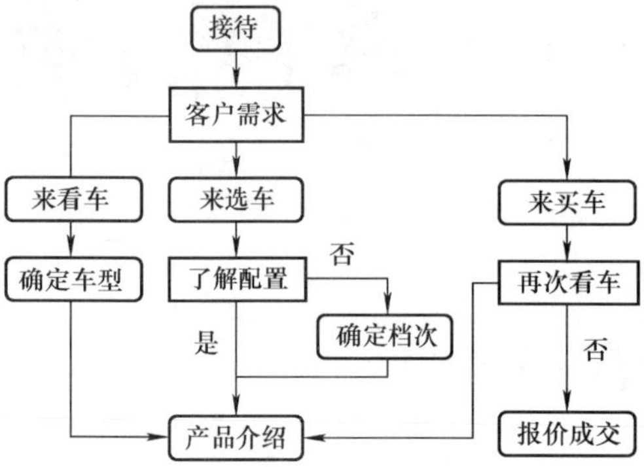

图 4-1-1　客户需求的流程

图 4-1-2　冰山理论

二、了解客户需求的方法

汽车销售顾问在迎接购车客户时，应该与购车顾客有良好、充分的沟通，做到认真了解客户的需求，积极、有效地向购车客户推荐合适的车型。

1. 积极地倾听

（1）听的方式

汽车销售顾问在迎接购车客户时，听的方式可以分为主动地听，被动地听两种思路。

1）主动地听。客户要买车时，需要买什么样的车，有什么样的顾虑，有什么样的要求，他都想告诉汽车销售顾问。汽车销售顾问会依据本店的车型，适当地对其销售做出有效的指引及介绍。

2）被动地听。还有的时候，考虑到顾客心态的复杂性，汽车销售顾问可以依据客户偶尔的言语，了解购车顾客的思路，汽车销售顾问会依据本店的车型，适当地对其销售做出有效的指引及介绍。

（2）倾听的技巧

汽车销售顾问在倾听顾客需求的时候，必须学会倾听的技巧，具体方法如下。

1）注视顾客，认真做好记录。

2）站在对方的角度去理解对方。

3）适度的提问，明确含糊之处。

4）不要急于下结论或打断客户。

5）将顾客见解进行复述或总结。

2. 有效地询问

（1）开放式询问法

提出一个问题后，使用开放式询问法可获得较多信息，但是要注意讨论不能偏离主题。开放式询问法的流程如下。

1）什么（what）——您购车的主要用途是什么?

2）为什么（why）——为什么您一定要选购三厢车呢?

3）谁（who）——您为谁购买这辆车?

4）何时（when）——您何时需要您的新车？

（2）限制式询问法

限制式询问法即回答者在回答问题时，目的是控制谈话的主动权、确定客户所给信息。

课后练习题

1. 简述了解客户需求的要点。
2. 了解客户需求的方法有哪些？倾听的技巧？
3. 简述开放式询问法流程。和顾客（可以由同学扮演）进行模拟演练。

任务二　客户分析

【任务目标】

1. 知识目标

1）了解客户分析的作用。

2）了解客户的四种基本类型。

2. 技能目标

1）能判断客户属于那种类型。

2）掌握不同类型客户的应对方法。

3. 情感素养目标

1）培养掌握客户分析的能力及素质。

2）具备对客户进行分析的能力。

【任务分析】

当一个客户来到汽车经销店，你作为汽车销售服务顾问，在与客户的交流中，要能够对客户进行简单的类别判断，找到应对此类客户的方法，为达成销售做好铺垫。

为什么要了解顾客？只有了解顾客，才能针对性地介绍产品，才能投客户所好，销售才能成功！

一、常见顾客类型

常见顾客类型有猫头鹰型、孔雀型、鸽子型、老鹰型。这四种类型的顾客，可以用图4-2-1形象地表达出来。

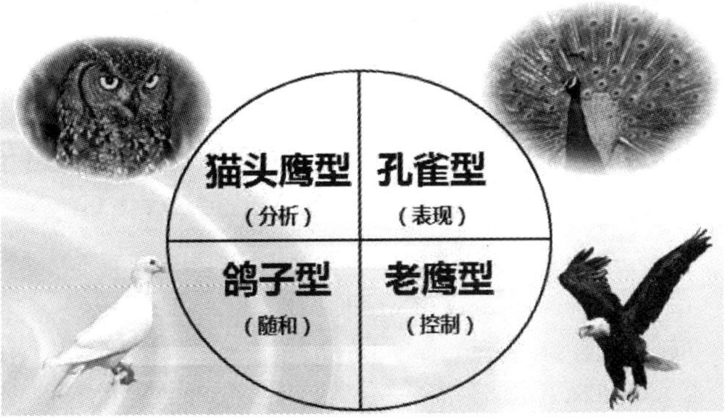

图4-2-1　常见顾客类型

1. 客户分类原则

前面已将各种不同类型的顾客以动物特点形式表达出来。若按照交际、控制两个因素分类，可将顾客的性格特点分为四种，如图4-2-2所示。

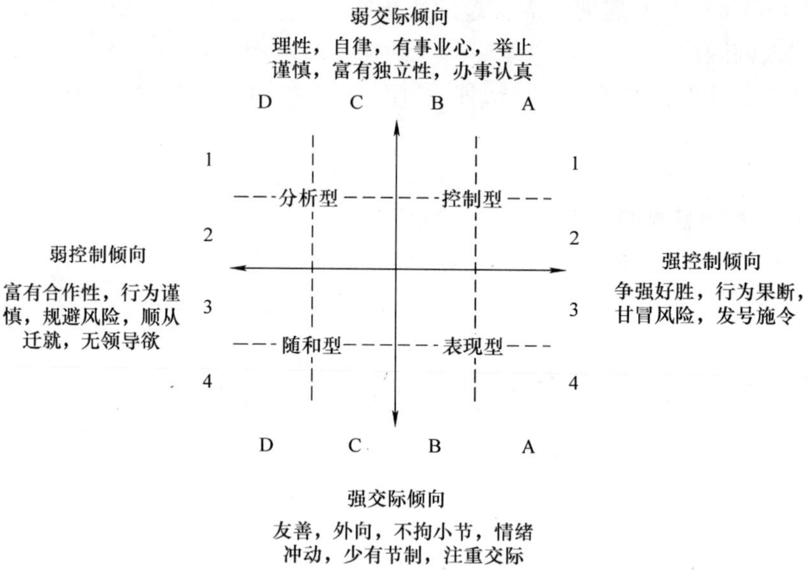

图 4-2-2　将顾客的性格特点分类

2. 猫头鹰型顾客的表现、心理分析、应对技巧

汽车销售服务顾问在接待时，有时会遇见猫头鹰型的顾客。

（1）顾客常见表现

语音语调：语速不快，音量不大，音调无变化。

肢体语言：面无表情，不喜欢表现。

（2）顾客心理分析

性格：孤僻，决策很慢。

需求：守旧，力求准确。

（3）应对技巧

汽车销售服务顾问在接待猫头鹰型顾客时，应礼貌、谦和而有分寸，适度称赞顾客。表现自己是一个专业、优秀的销售员，让顾客了解你，以解除他的戒备之心。

在与猫头鹰型顾客沟通时，不要施加压力，可以试探性询问，认真倾听猫头鹰型顾客的每一句话，铭记在心，从他的言辞中推测他心中的想法。

介绍汽车产品需谨慎，适度称赞，建立彼此友善的关系，让猫头鹰型顾客了解利益所在，以获得对方理性的支持。可以耐心细致解答，用事实说话。引发对商品认可，产生兴趣后，主动出击用事实说话，用产品的好处打动猫头鹰型顾客，得到猫头鹰型顾客的认可。

3. 孔雀型顾客的表现、心理分析、应对技巧

（1）顾客常见表现

语音语调：语速较快，抑扬顿挫。

肢体语言：表情丰富，易交往。

（2）顾客心理分析

性格：爽快，果断，但以人为中心，凭感觉做判断。

需求：被认可，被关注，新鲜刺激。

（3）应对技巧

汽车销售服务顾问在接待孔雀型顾客时，可以拉关系，多称赞。汽车销售服务顾问可以采用唠家常，多聊天，慢慢接近孔雀型顾客。适当夸张炫耀，多让顾客说话，体察顾客感情，不必解答问题，多称赞，多建议。

4. 鸽子型顾客的表现、心理分析、应对技巧

鸽子型顾客如图 4-2-3 所示。

（1）顾客常见表现

语音语调：语速平稳，音量适中。

肢体语言：从容，安静，善于倾听。

（2）顾客心理分析

性格：友好，镇静，决策较慢。

需求：按部就班，感情，信任，多疑，求稳。

（3）应对技巧

汽车销售服务顾问在接待鸽子型顾客时，应亲切、诚心相待，争取良好的第一印象，声音要温和，不急不躁。可以试探性询问，被拒绝时，态度要好，表示我随时愿意提供帮助，让顾客感觉所做的一切都是为了他。

图 4-2-3　鸽子型顾客

耐心细致介绍产品功能，显示自己的专业能力，不要夸大功能，要给顾客体验的时间，经常询问顾客的意见，尽量使顾客有讲话的机会。

耐心细致解答，实事求是，不夸大事实。不要施加压力，应示弱。努力配合他的步调，踏踏实实地证明产品优势，慢慢水到渠成。使用建议法推荐，让顾客感觉在帮助他。

5. 老鹰型顾客的表现、心理分析、应对技巧

（1）顾客常见表现

语音语调：音量较大，说话速度快，喜欢质问。

肢体语言：面部表情严肃。

（2）顾客心理分析

性格：果断，爽快，以任务和事实为中心。

需求：向往第一，领导别人，时间第一。

（3）应对技巧

汽车销售服务顾问在迎接老鹰型顾客时，应保持微笑，热情招呼。应开门见山，直截了当，突出产品的档次，体现身份。简洁明了，体现专业，征求意见，让其做主。

二、四种类型顾客判断特征总结

现在将前述四种类型顾客的行为举止、沟通方式、性情气质、对待他人的性格、处理问题，总结如图 4-2-4 所示。

一般来说，顾客的特性基本上是多种混合类型的综合反映。这需要汽车销售服务顾问在具体的工作过程中灵活掌握。

那么，如何依据顾客的外在特点，有效地判断这四种不同类型的顾客呢？具体的总结如图 4-2-5 所示。

类型	老鹰型	孔雀型	鸽子型	猫头鹰型
行为举止	坚决强硬	活泼外向	轻松随便	直截了当 目标明确
沟通方式	关注结果 重视最低标准	善于交际 乐于回答问题	照顾销售人员 的面子	注重真凭实据
性情气质	焦躁不安	和蔼可亲	平静随和	冷漠严峻
对待他人的意见	缺乏耐心	注意力不集中	全盘接受	抱有怀疑
处理问题	指挥命令他人	专心致志 全神贯注	对别人言听计从	对别人品头 论足

图 4-2-4　四种不同类型的顾客在几种情况下的体现

类型	老鹰型	孔雀型	鸽子型	猫头鹰型
决策行为	决策果断 力求实用	仿效别人进行 决策	决策迟缓 深思熟虑	信息齐全方才 定夺
时间安排	相当紧凑	经常浪费时间	遵守时间	充分利用时间 计算周详
形体语言	使用频繁	丰富生动	精确而谨慎	较为节制
衣着服饰	剪裁讲究 无可挑剔	新潮时尚	大众款式	传统保守 朴实无华
对压力的反应	与主观意志抗争	与情感对抗	屈服顺从	放弃分析推理

图 4-2-5　四种不同类型的顾客外观观察

课后练习题

1. 常见顾客类型各有哪些特点？
2. 如何观察并分辨猫头鹰型顾客？采用什么样的方式应对？
3. 如何观察并分辨孔雀型顾客？采用什么样的方式应对？
4. 如何观察并分辨鸽子型顾客？采用什么样的方式应对？
5. 如何观察并分辨老鹰型顾客？采用什么样的方式应对？

任务三　需求分析

【任务目标】

1. 知识目标

1）了解客户需求分析的作用。

2）了解客户需求分析的六个方面。

2. 技能目标

1）能够对客户需求进行全方位的分析。

2）能够通过对客户需求的分析为客户创造需求。

3. 情感素养目标

1）培养掌握分析客户需求的能力及素质。

2）具备对客户需求进行分析的能力。

【任务分析】

当客户与你沟通之后，作为一名专业汽车销售顾问，需要你对客户的需求能有一个全面的分析，希望通过你的分析，可以有针对性地采取销售策略。

汽车销售顾问需要对客户的需求进行分析，因为对客户的需求准确分析之后，可以有针对性地采取销售策略，达到事半功倍的效果。

客户需求分析，主要从六个方面进行。如图 4-3-1 所示。

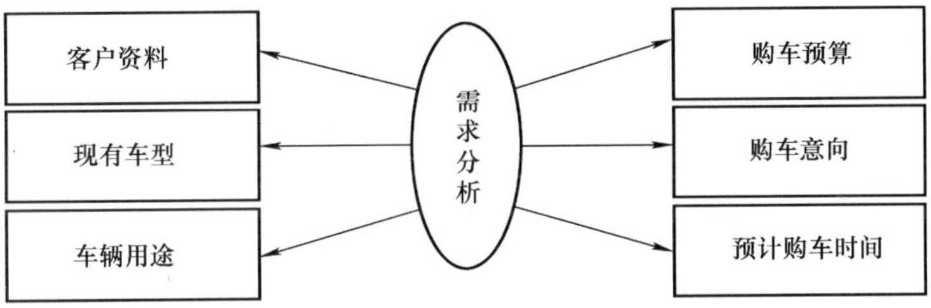

图 4-3-1　客户需求分析

1. 客户资料

汽车销售顾问首先需要对客户的资料进行分析。客户资料中往往包含了客户工作状况、收入状况等重要信息。客户资料卡如图 4-3-2 所示。

客户资料卡

姓名		性别	○男　○女
职业			
婚姻状况	○已婚　○未婚		
家庭成员			
爱好(与车辆相关)			
商务状态	○私人客户　○公司客户		
联系电话	○固定电话　○移动电话		
邮箱地址			
家庭住址			
邮政编码			

图 4-3-2　客户资料卡

2. 现有车型

对现有车型的分析，当然是针对有车一族。对于第一次购车的客户，这一步可忽略。现有车型卡如图 4-3-3 所示。

3. 车辆用途

汽车销售顾问需要对客户购买的车辆用途进行分析，由此才可以为客户推荐一款真正满足其需求的车，让客户满意地购车。车辆用途卡如图 4-3-4 所示。

现有车型卡

品牌	
车型	
燃料	
发动机	
首次购车日期	
现行驶里程	
选装项目或装配附件	
维修(保修)合同	

图 4-3-3　现有车型卡

车辆用途卡

序　号	用　途
1	专业用途
2	个人用途
3	综合用途(专业用途与个人用途结合)
4	城市用途
5	综合用途(城市用途和乡村用途结合)
6	乡村用途
7	年平均行驶里程

图 4-3-4　车辆用途卡

4. 购车预算

汽车销售顾问对于客户购车预算的分析，可以帮助客户选择合适的车型，超出或少于客户的预算，都将达不到满意的效果。购车预算卡如图 4-3-5 所示。

购车预算表

车辆更换频率	○______月　　○______年
购车资金解决方案	○现金　○信用卡　○租赁
信贷合同(如果需要)	○信贷合同类别; ○还款期限; ○分别偿付额度;
旧车未付款项	

图 4-3-5　购车预算卡

5. 购车意向

汽车销售顾问对于客户购车意向的分析，可以更加有效地为客户提供针对性服务。购车意向卡如图 4-3-6 所示。

6. 预计购车时间

汽车销售顾问对于客户预计购车时间的分析，可以选择合适的时机与客户联系，为其购车提供咨询。

购车意向卡

类别	○新车　　　○维修　　　○二手车
车型	
燃料	
发动机	
附件	
购车资金解决方案	
可缴纳预付定金	

图 4-3-6　购车意向卡

课后练习题

1. 汽车销售顾问从哪六个方面进行客户需求分析？
2. 如何填写客户资料？
3. 汽车销售顾问怎样对客户购买的车辆的用途进行分析？
4. 汽车销售顾问怎样对客户购车预算进行分析？

任务四　FAB 应用

【任务目标】

1. 知识目标

1）了解 FAB 法则。

2）了解 FAB 运用技巧。

2. 技能目标

1）能熟练运用 FAB 法则。

2）能熟练掌握 FAB 运用技巧。

3. 情感素养目标

1）培养应用 FAB 法则的能力及素质。

2）具备对 FAB 法则进行分析的能力。

【任务分析】

在全面了解客户信息，准确分析客户需求以后，你作为汽车销售顾问，应利用 FAB 法则向客户做介绍，以增加客户对汽车的了解，提高客户购买欲望。

一、FAB 的含义

Feature（属性、特性）：商品的特点、属性。

Advantage（用处、作用）：特点带来的用处。

Benefit（好处、利益）：指作用或者优势会给客户带来的利益，对顾客有好处（因客而异）。

二、FAB 经典故事

1. 猫的 FAB 故事

一只猫很饿，销售员推过来一摞钱，但是这只猫没有任何反应——这一摞钱只是一个属性（特点，Feature），如图 4-4-1 所示。

“猫先生，我这儿有一摞钱，可以买很多鱼。”买鱼就是这些钱的作用（优点，Advantage），但是猫仍然没有反应，如图 4-4-2 所示。

图 4-4-1 猫的 FAB 故事（1）

图 4-4-2 猫的 FAB 故事（2）

“猫先生，请看，我这儿有一摞钱，能买很多鱼，你就可以大吃一顿了。”话刚说完，这只猫就飞快地扑向了这摞钱——这个时候就是一个完整的 FAB 顺序，如图 4-4-3 所示。

图 4-4-3 猫的 FAB 故事（3）

猫吃饱喝足了，需求也就变了——它不想再吃东西了，而是想见它的女朋友。这时销售员说：“猫先生，我这儿有一摞钱。”猫肯定没有反应。销售员又说：“这些钱能买很多鱼，你可以大吃一顿。”但是猫仍然没有反应。原因很简单，它的需求变了，如图 4-4-4 所示。

图 4-4-4 猫的 FAB 故事（4）

2. 产品的 F－A－B 结构

通过上面的例子我们学到了什么？这个案例绘声绘色地展示了猫的 FAB 故事。实际上就是说，产品的 F－A－B 结构图如图 4-4-5 所示。

依据汽车销售顾问的要求来说，关于汽车产品的 F－A－B 结构有如下解释。

（1） F——Feature（特点）

对汽车产品本身的技术性解释，通常指汽车产品相关的专业化术语，汽车销售顾问需要掌握比较丰富的知识。

（2） A——Advantage（优点）

由于汽车产品本身的特性所导致的表现，汽车销售顾问需要掌握竞争车型的对比知识。

（3） B——Benefit（利益点）

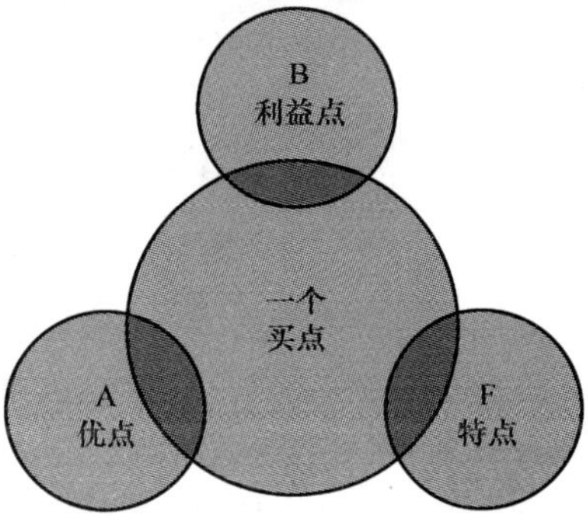

图 4-4-5　产品的 F－A－B 结构图

与购车者的感受密切相关的，是由汽车产品带给购车者的价值。这需要汽车销售顾问针对不同的购车者，阐述本车型、车款的特点，使得购车顾客理解并支持购车带来的潜在利益。

三、FAB 的运用技巧

前面阐述了 FAB 相关内容，工作中应利用 FAB 满足客户需求。一般来说，首先在利益点激发最大作用的共鸣，其次是优点介绍，最后才是产品特点，如图 4-4-6 所示。这也是汽车销售顾问应该掌握的核心内容，据此开展针对购车顾客的话语、礼仪等相关的营销活动。

F：特点	介绍产品特征	难成功
A：优点	说明产品的功能或特性如何有效地被用来帮助客户	有作用
B：利益点	叙述产品如何满足客户所表达出的明显需求	很大作用

图 4-4-6　FAB 在汽车销售的应用

由于购车客户对汽车的技术并不了解或者了解不深入，只介绍功效、特点，客户并不是十分理解，而客户关心的恰恰是特点为他带来的好处和利益，所以使用 FAB 法能让客户对其特点更加了解，激发购买欲。同时在使用 FAB 法的同时，能让销售的思路更加清晰，表达更流畅，从而显示自身的专业性，和客户间产生信任感。

FAB 作用曲线图，清晰地体现出利益点、优点、特点三者之间的区别，如图 4-4-7 所示。

综上所述，依据 FAB 的特点，可以掌握如下原则。

1）优秀的汽车销售顾问不会一味地讲解汽车的技术知识。

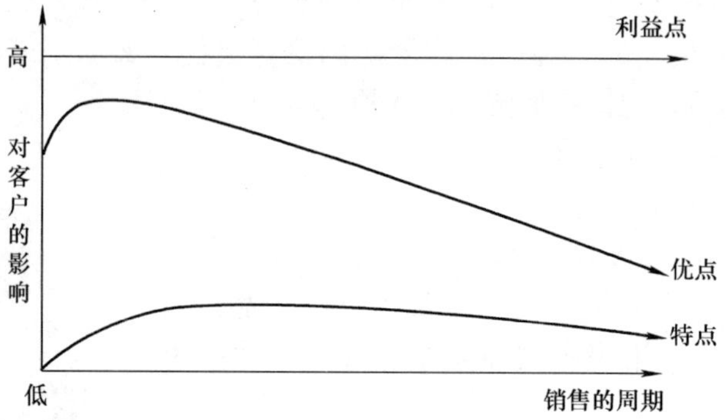

图 4-4-7　FAB 作用曲线图

2）优秀的汽车销售顾问也不会一味讲解汽车有哪些优点。

3）确认顾客的需求以后，优秀的汽车销售顾问会应用汽车带给客户的利益满足顾客的需求。

课后练习题

1. FAB 的含义是什么？
2. 如何向其余的汽车销售顾问解说猫的 FAB 故事？
3. 如何理解 FAB 在汽车销售的应用？
4. 如何理解 FAB 作用曲线图？

任务五　销售策略

【任务目标】

1. 知识目标

1）了解常用销售策略。

2）能够完整地叙述各种常用销售策略。

2. 技能目标

1）能够熟练运用各种常用销售策略。

2）能够通过运用销售策略完成销售任务。

3. 情感素养目标

1）培养销售策略所需的能力及素质。

2）具备对销售策略进行分析的能力。

【任务分析】

客户来到汽车经销店，作为一名专业汽车销售服务顾问，需要你通过采用各种销售策略，引起客户重视，消除客户顾虑，找准客户需求，并最终完成销售。

完成一个汽车销售流程，需要经过很多步骤，如何把握好销售流程中的每一个环节呢？

这就需要熟练地运用各种销售策略。常用的销售策略，主要有介绍与展示策略、试乘试驾策略、金融服务策略、异议处理策略、谈判策略和销售促进策略。

一、介绍与展示策略

介绍与展示是一个很重要的环节。销售人员必须决定用何种方式、过程、手法来介绍展示汽车，以便真正地打动对方的心。老练的销售人员对不同的准顾客用不同的介绍、展示策略。

1. 介绍与展示的个性化

到展厅的准顾客，不管他的身份、角色如何，都是一个单独的个体、应有其特殊的个性、偏好、购物习惯。连一个人的语气、语调、手势、服装都散发出特别的购买指引或信号。经验老到的销售人员就会凭着这些特性，以不同的方式、态度、方法来处理这关键的接触过程。

同样的，在众多的汽车营销人员中，如何体现出自己的个性化，可以依据本身的特点展示，如图 4-5-1 所示。

图 4-5-1　汽车销售人员应体现介绍与展示的个性化

2. 介绍与展示的方式、方法

汽车销售顾问在介绍与展示车型的时候，应侧重于性能与便利、舒适与享受、经济与省钱、地位与身份、质量与安全。

在这个过程中，尽量避免太多的汽车专业术语，除非对方是行家；尽量将设备、性能、零件的特征通过用途、好处、便利、利益的方式配合讲解。让顾客亲身体验的方式最好。

3. 介绍与展示的注意事项

汽车销售顾问应认清顾客的需求与期望；注重知觉的体验；气氛与顾客的参与很重要；注意顾客的理解力；给顾客足够消化资讯的时间；关注对环境和对方的反应敏感程度。

4. 介绍展示结语

汽车销售顾问在营销过程中的介绍展示，是一个重要的环节。这样的展示不只要告诉顾客你所在汽车销售企业的产品，更要告诉你的顾客，你的汽车产品能够满足他什么需求。

二、试乘试驾策略

1. 试乘试驾的作用

理论上说，试驾是最好的方式。因为唯有驾驶该车的经验是最好的说服证据。一小段的路程，由准顾客驾驶 15～30min，销售人员坐在旁边的试驾方式最为普遍。目前，在消费者对于汽车品牌的认知度和忠诚度相对缺失的前提下，几乎所有的汽车经销商都将试乘试驾作为一种日常的、重要的销售策略。在试驾汽车之前，汽车销售顾问应耐心地讲解汽车各开关的作用，如图 4-5-2 所示。

2. 试乘试驾的意义

营销上的试驾是指在完成一系列营销步骤后并没有取得实质性的进展，或顾客对是否购买以及某些疑虑还没有完全打消时，以试驾的方式解答顾客的问题，进而促成销售。

3. 试乘试驾结语

当顾客已经在介绍与展示时被充分说服，决定购买，且没有提出此要求，最好避免试驾或试车，以免节外生枝。

图 4-5-2 汽车销售顾问耐心地讲解汽车各开关的作用

三、金融服务策略

汽车金融服务是在汽车的生产、流通与消费环节中融通资金的金融活动，主要包括资金筹集、信贷运用、抵押贴现、证券发行与交易，以及相关保险、投资活动。

1. 购车金融服务

在目前的购买环境中，金融服务愈显重要，尤其是公司用的商用车辆。良好的金融服务可赢取顾客的信心，达成交易。

各家汽车销售企业均有合作的银行进行此方面的工作。例如，这是中国农业银行的汽车金融贷款广告，如图 4-5-3 所示。

图 4-5-3 中国农业银行的汽车金融贷款广告

汽车销售顾问在服务时，一般有三个方面内容。

（1）了解顾客财务状况

了解顾客的财务状况与借贷需求，为顾客做出合理的安排与帮助。同时，了解顾客也包括以前的借贷或租赁经验。

（2）介绍各种金融服务

给顾客介绍现行的各种金融借贷、分期付款，及租赁的内容、利弊，以供对方做出选择。

（3）提供各种金融服务

详细提供上牌、养路费、保险等项目的费用及分期付款方式。

2. 以旧换新服务

二手车越来越成为人们关注的对象，一些汽车经销商也不失时机地推出了汽车的以旧换新业务。以旧换新服务可以减轻顾客在购买新车时的压力并加强他对销售人员的好感。图 4-5-4 为商家以旧换新的服务广告。

通过以旧换新业务，可以使企业加强竞争优势，体现在如下几个方面。

1）顾客参与。在估价的过程中，让车主全程参与，并让他熟悉二手车价格参考手册的内容。

2）评估服务。由本厂的技工做出机件评估、功能测试与试驾。

3）合理建议。技工提供有关急需维修的功能或零件的意见。

4）完美估价。拟一份完备的估价单。将一般参考价格、该车实际的价格调整以及行驶里数调整完整记录下来，将该二手车的购买价格告知顾客。

图 4-5-4 商家以旧换新服务的广告

3. 汽车金融服务结语

汽车金融服务在国际上已成为汽车产业的一个支柱，但我国的汽车金融服务还处于孩童时代，无论是法律法规，还是实践经验都十分匮乏。

四、异议处理策略

异议处理就是将顾客的疑问、不满进行完全解答的过程。顾客在决定的过程中，一般都会提出异议，如果你不能够将异议处理得让顾客满意，就很难实现销售。

1. 顾客为什么提出异议

顾客提出异议就是顾客对产品、品牌、经销商、销售人员服务态度等不满意；对销售人员的说明、保证或厂商的保证表示不信任；讨价还价的借口；摆出购买者高高在上的姿态；根本无意购买等。

2. 如何应对顾客的异议

首先辨明异议的真正内容；确定所提异议的动机；找出分歧点，并消除疑虑、误解；然后提出解释、说服以达成共识。

（1）辨明异议的内容

不解决顾客提出的异议，就不会得到销售的结果。顾客异议的内容一般只是单方面的，不需要你转一个大弯去解决。因此，对顾客的异议要直截了当地说明，而不是拐弯抹角地说一大堆顾客不想也不愿听的道理。

（2）确定异议的动机

顾客对产品有异议，都是有一定的目的的，而未必就是产品或销售者自己有问题。只有区分出顾客异议的动机，才能做有针对性的工作，处理、解决其异议。

通常，汽车销售异议主要有两个方面的内容：一方面是对汽车产品性能有所不理解、不接受；另一方面是对汽车产品的价格不接受，希望获得更加合理、优惠的价格，因此希望以此为筹码，向汽车销售顾问提出要求，如图 4-5-5 所示。

（3）找出双方的分歧

所谓分歧就是顾客不承认你说的是真实或正确的。首先要承认自己并不是都正确，这就可以保证自己不以老师的身份去教训顾客；其次要尊重顾客的意见，即使在你看来是多么的不正确；第三，合理有节地提出你的想法，而不是正确答案。

（4）提出解决的方法

如何解决双方的问题是一种销售人员与顾客之间的博弈行为。销售人员依仗的不是企业、不是产品，甚至也不是服务，而是尊重、理解、认可。

五、谈判策略

1. 谈判策略与谈判冲突

汽车销售谈判是一种技巧，也是一种思考方式。汽车销售谈判是双方利益的分割，是一种摸清对方需求、衡量自己实力、追求最大利益的活动。周密思维是谈判的前提，精心的准备是谈判的基石。

你不能只站在自己的立场去考虑利益，而是要处在双方的角度全面考虑，这样才可能成功。双方谈判的原因就是存在冲突，一方利益的取得往往是另一方利益的舍弃。

图 4-5-5　汽车销售异议处理

2. 谈判准备的要件

（1）物的有形或无形条件——有关汽车本身问题

简而言之，基本就是汽车的品牌信誉、安全、舒适、价格、驾驶乐趣、外观和性能等。

（2）人的有形或无形条件——汽车经销商与销售人员的特点

简而言之，基本就是展示间的总体形象，销售人员态度外貌，销售人员的销售方法、技巧与能力，销售人员的谈判、说明及议价能力，经销商的信誉、口碑以及其他主客观条件等。

（3）价格是否是购买的唯一条件

销售人员错误地认为顾客想花最少的钱购买一件产品或服务，销售人员以为顾客花不起钱或不想花钱购买必需的奢侈品。

愿意多花钱的心理原因：你必须说明多花钱的理由并将他说服，告知他目前这个交易是他所能得到的最有利的交易。否则无论你如何降价，仍然听到“你的价格太贵了！”

六、销售促进策略

汽车销售促进又称营业推广，对激发顾客购买欲望和提高经销商的积极性有较好的作用。

1. 汽车销售促进策略的作用

（1）对于消费者

鼓励消费者购买汽车和促使其重复购买；引导潜在消费者购买；争取竞争者品牌的使用者购买。

（2）对于经销商

招商引资；提高经销商的品牌忠诚度和扩张新的经销网点。

（3）对于汽车销售顾问

鼓励他们创建一种新的汽车产品市场；激励他们发掘更多的潜在消费群体。

2. 汽车销售促进方式的选择

（1）针对消费者市场的销售促进方式

1）分期付款。对于普通消费群体要一次性对汽车价格进行全额支付较为困难，因此各汽车公司都有分期付款业务，如图4-5-6所示。

2）租赁销售。汽车租赁销售是指承租方向出租方定期交纳一定的租金，以获得汽车使用权的一种消费方式，如图4-5-7所示。

3）优惠券。凡是持有汽车购买优惠券的客户，可以在购买特定车型的时候享受到代金券的作用，从而少付一部分货款，如图4-5-8所示。

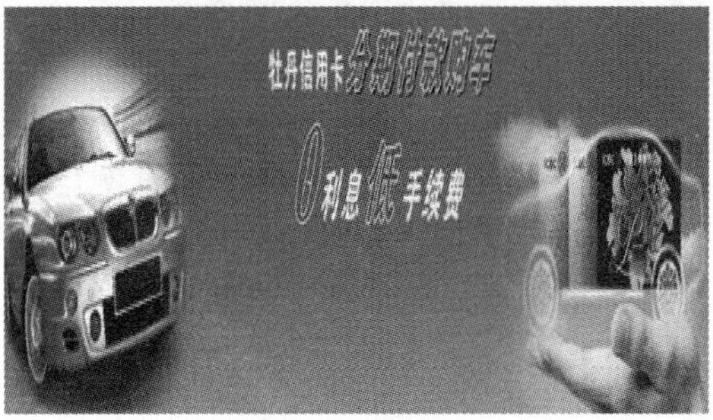

图4-5-6 分期付款广告

图4-5-7 租赁销售广告

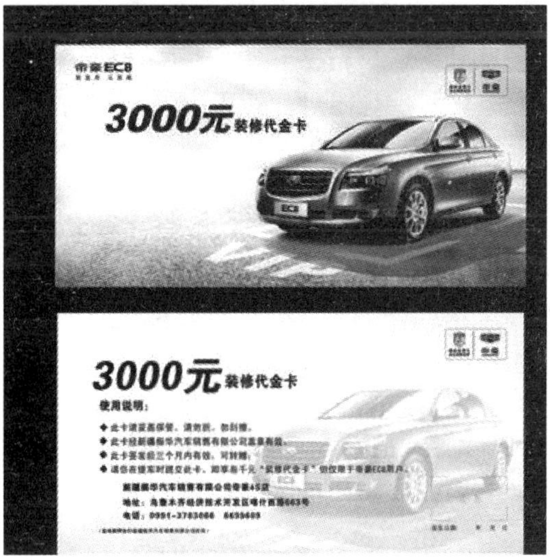

图4-5-8 汽车购买优惠券广告

4）降价补偿。汽车商家承诺在某个时间段内绝不降价，若是在该时间段内降价了，消费者可以得到降价部分的补偿。

（2）针对经销商交易的促销方式

1）扩大返点比例。例如，奥迪中国决定在2014年度对经销商给予20.5亿元的补贴。其中，15亿元补贴给之前开业的约350家经销店，每家经销店的补贴大约为400万元；5.5亿元补贴给新开业的经销店。刚刚营业的经销店的补贴略高于经营多年的经销店，因为相对于那些开业相对较久的经销店来说，这些新店前期投资的成本回收更少。这些动作，实际上就是扩大返点比例。

2）折让。奔驰中国以“特殊销售质量奖励”名义，给经销商对销售到本地的车型给予额外奖励，北京奔驰生产的车型每辆补贴7250元，进口奔驰车型每辆补贴4200元。补贴在一个星期内发放完毕。这笔钱是在原来模糊返利基础上的额外奖励。这些动作，实际上就是折让。

3）免费商品。

（3）针对销售人员的促销方式

针对销售人员的促销方式有提成、奖励和纪念品广告。

3. 汽车销售促进策略的实施

（1） 确定销售促进目标

销售促进目标主要有新品上市、处理滞销品、加大分销以减轻库存、品牌宣传、提升销量、竞争对手促销跟进、重大节假日例行促销等。

（2） 选择销售促进方式

根据企业自身情况以及刺激和强化市场需求的需要，灵活有效地选择销售促进方式。图 4-5-9 就是某汽车销售商家的促销广告。

图 4-5-9　某汽车销售商家的促销广告

（3） 制订汽车销售促进方案

制订汽车销售促进方案，应包括活动主题、费用、参加者的条件、销售促进措施的分配途径、销售促进时间、销售促进的总预算。

（4） 方案试验

可邀请消费者对几种不同的优惠办法做出评价和打分，也可以在有限的地区进行试用性测试。

（5） 实施和控制销售促进方案

实施和控制销售促进方案包括最初的计划工作、配合广告的准备工作和销售点材料、为个别的分店建立地区配额、预期存货的生产等。

（6） 评价销售促进方案

评价销售促进方案最普通的一种方法是将推广前、推广中和推广后的销售业绩进行比较。

课后练习题

1. 如何体现介绍与展示的个性化？
2. 试乘试驾的作用是什么？
3. 相关的汽车金融服务有哪些？如何理解 FAB 在汽车销售中的应用？
4. 如何处理销售谈判中的冲突？如何理解 FAB 作用曲线图？
5. 针对消费者市场的销售促进方式有哪些？

学习情景五 认识产品

任务一 产品概述

【任务目标】

1. 知识目标

1）了解产品的定义。

2）了解汽车产品介绍要点。

2. 技能目标

1）能掌握汽车产品价值构成的五大要素。

2）能掌握产品的介绍要点。

3. 情感素养目标

1）培养了解产品需求的能力及素质。

2）具备对产品销售策略进行分析的能力。

【任务分析】

当一个客户来到汽车经销店，你作为汽车销售顾问在为顾客提供汽车产品介绍，希望通过你的产品介绍，在产品层面上建立顾客信心。

一、产品的定义

产品的定义是向市场提供的，引起注意、获取、使用或者消费，以满足欲望或需要的任何东西。而本书讨论的产品均指向顾客销售的车辆。

1. 汽车产品价值

汽车产品价值构成的五大要素主要包括性价比、故障率、使用成本、残值和售后服务。

（1）性价比

这里的"性"特指汽车本身在同等条件下的耐用性、节油性、动力性、操控性、舒适性、安全性、通过性等性能。"价"指的是汽车的售价。

1）耐用性是指汽车本身的机械、电子等零部件和各种材料以及其组合成的整车的故障率较低。决定的条件是各种零部件和材料的质量以及装配工艺水平、质量控制、润滑、散热、抗氧化等。

2）节油性是指汽车行驶单位公里数的燃油消耗值。决定的条件是发动机、供油系统、变速器技术水平、车身质量、接近角、离去角、风阻系数等。

3）动力性是指汽车的功率和转矩。在相同条件下，功率较大，汽车极限速度也较大；

转矩较大，加速度也较大。决定的条件是发动机的排量与技术、变速器技术、车身质量、风阻系数等。

4）操控性是指汽车的操纵与控制方面的特性。决定的条件几乎涵盖了汽车各个部件，如发动机、变速器、底盘、车身和操控部件所有的设计、制作、调校水平以及路感、响应性、动力分配等。

5）舒适性是指汽车给驾乘人员带来的舒适感方面的特性。决定的条件有发动机、变速器、轮胎等各运转系统的平顺性、低噪性，车身共振水平及共振频率，减振效果，内部空间的大小，舒适性配置，坐姿与抗疲劳设计等。

6）安全性是指汽车在可能发生或发生碰撞时对驾乘人员和行人的安全保护性能。决定的条件有主动安全设施和被动安全设施的质量与功效。主动安全设施有制动系统、制动辅助系统、动力分配系统、车身稳定系统、夜行灯光照明等；被动设施有结构吸能、材料吸能、安全带、安全气囊等。

7）通过性是指汽车在各种较为复杂、起伏的地面、道路上的通行能力。决定的条件有发动机、变速器、轮胎等动力输出特性、底盘离地间隙与轴距比、悬挂适应状况等。

汽车产品的价值不仅包括上述七个方面，但这些主要性能综合起来与汽车的价格之比，可以算作汽车的性价比。同价而性能高或同性能而价格低才是高性价比。

（2）故障率

汽车故障率可以表征汽车发生故障的程度，即把行驶到某一里程后单位时间内发生故障的汽车数和行驶到这一里程还没有发生故障的汽车数的百分比值称为行驶到该里程的瞬时故障率，习惯上称之为汽车故障率。

汽车故障率分为汽车品牌故障率及汽车各部件故障率。这是一个很重要的指标，汽车销售顾问直接面对汽车品牌故障率考验，购车顾客有时候会提出所销售的这款车的质量及故障率的质询。图 5-1-1 为 2012 年中国新车故障率的比例图。

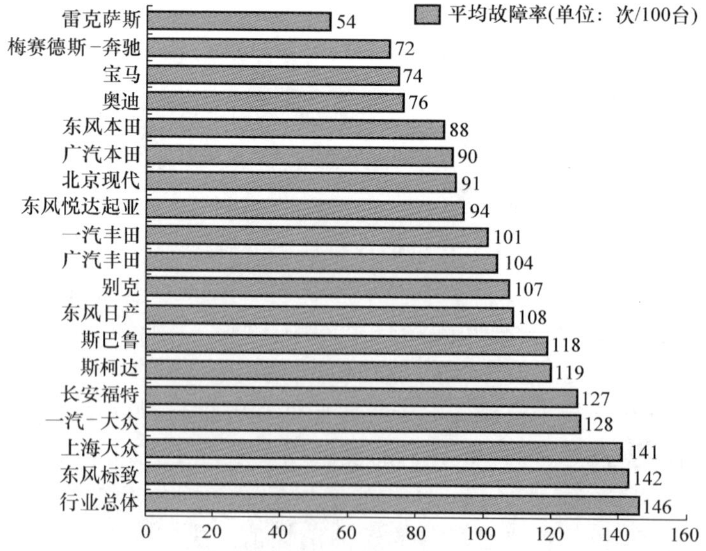

图 5-1-1　2012 年中国新车故障率的比例图

在汽车各部件故障率中，一般指汽车各个部件的故障率情况，常以车门车窗、电路故障、轮胎等故障现象为主。汽车各个部件故障率的对比图如图 5-1-2 所示。

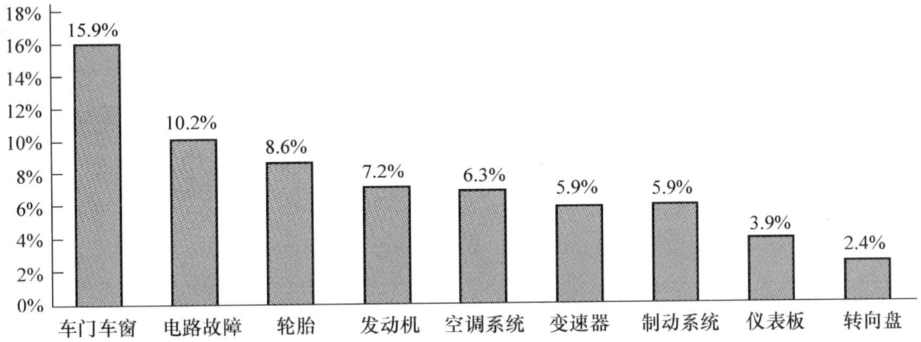

图 5-1-2　汽车各部件故障率的对比图

(3) 使用成本

顾客购买汽车产品的目的并不在于汽车产品本身，而在于使用产品能够给自己带来的满足程度。因此，顾客在做出购买决策时，不仅要考虑购买汽车的一次性支出，还要考虑汽车使用过程中增加的费用。所谓使用成本就是指顾客使用汽车的过程中，所需要增加的费用，如维修费、燃油费、停车费、过路费等。

(4) 残值

残值是指预计在资产使用寿命的期末处置一项长期资产可能获得的价值。一般残值的计算方法为固定资产原值×残值率。

(5) 售后服务

售后服务就是在商品出售以后所提供的各种服务活动。

在市场激烈竞争的今天，随着消费者维权意识的提高和消费观念的变化，消费者不再只关注产品本身，在同类产品的质量与性能都相似的情况下，更愿意选择这些拥有优质售后服务的公司。

二、汽车产品介绍要点

1. 汽车产品的分类

(1) 按车型分类（按照大中小）

汽车车型按照大中小依次分为微型车、小型车、中型车、豪华车等。

微型车：即 A00 级车，属于尺寸最为紧凑的汽车类型，座位个数分为两座版与四座版。大多数微型车的轴距在 2.0～2.3m 之间，车身长度在 3.65m 以内，发动机的排量主要有 0.8L、1.0L、1.0T、1.2L 几个版本。微型车因其小巧的体型、高性价比与实用性，可满足家庭的基本出行而受到广大消费者的喜爱。市面上常见的微型车有江南奥拓、奇瑞 QQ、比亚迪 F0、雪佛兰 Spark、双环小贵族、江淮悦悦、长安奔奔等。

小型车：小型车一般是指发动机排量在 1.0～1.3L 的车型。不过现在微型车和小型车，也包括其他相近车型的划分越来越模糊，一般是根据生产厂商的市场定位以及这款车的前身来确定其级别。

中型车：中型车一般是指轴距为 2.7～2.9m，车身长度为 4.6～4.9m，发动机排量一般都在2.0～3.0L，售价20万元左右的一类车。座位数都是五座。

豪华车：豪华车是英文Luxury Cars或Limousine的直译，通常指D级车。D级车轴距一般在3m以上，发动机排量大于3.0L。比较常见的D级豪华车有奔驰S级、宝马7系、奥迪A8、雷克萨斯LS、捷豹XJ等。

而超级豪华车系列汽车是小众产品。价格在20万～30万美元以上，换算成人民币都是200万元以上的车，如奔驰S65 AMG、宝马760、奥迪A8L W12、迈巴赫齐柏林、劳斯莱斯幻影。但现在豪华车的具体概念越来越模糊，很多人认为只要是豪华品牌生产的车型就是豪华车。

（2）按车厢分类（按照紧凑型、三厢车型）

紧凑型轿车（Compact Car）用德国的标准就是A级车。一般情况下，属于该级别的车其轴距在2.5～2.7m之间，车身长度在4.2～4.6m之间，发动机排量在1.6～2.0L之间。比较典型的紧凑型车有高尔夫、科鲁兹、福克斯、明锐、速腾、卡罗拉、思域、骏捷、标致307等。

三厢车型在此不再赘述。

（3）按车厢分类（按照功能性分类）

依据汽车的功能性，可以分为CDV、MPV和SUV等车型。

CDV（Car Derived Van）是基于轿车平台的厢式车，后来在不同的国家、不同的时期都引申出了不同的意义。在欧洲，基本上叫作Car-based Delivery Vehicle（基于轿车平台的物流车），或者叫作City Delivery Vehicle（城市物流车）；在中国，CDV＝商·家车，即Commercial（商业）＋Domestic（家庭）＋Vehicle（车辆）。国内常见的CDV车有NV200、迷迪、帅客、雷诺Kangoo等。CDV车型如图5-1-3所示。

图5-1-3　CDV车型

2. 车系的概念

车系一般分为德系（欧系）、日系、美系、韩系。

三、汽车产品规格

1. 外形尺寸

汽车的长、宽、高就是汽车的外形尺寸，通常使用的单位是毫米（mm），具体的位置方向如图5-1-4所示。

车身长度定义：汽车长度方向两个极端点间的距离，即从车前保险杆最凸出的位置到车后保险杆最凸出的位置两点间的距离。

车身宽度定义：汽车宽度方向两个极端点间的距离，也就是车身左、右最凸出位置两点之间的距离。根据业界通用的规则，车身宽度不包含左、右后视镜伸出的宽度。

车身高度定义：从地面算起，到汽车最高点的距离。而所谓最高点，也就是车身顶部最高的位置，但不包括车顶天线的高度。

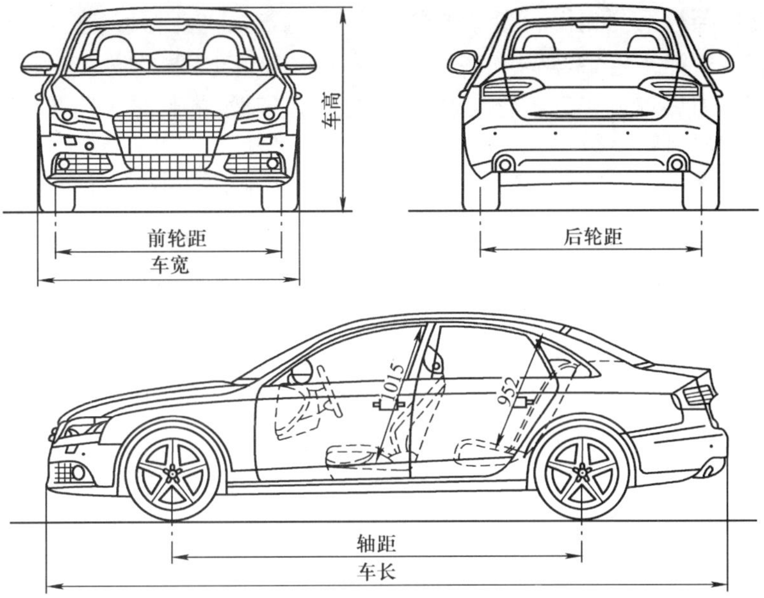

图 5-1-4　汽车的外形尺寸（长、宽、高、轴距、轮距等）

2. 轴距

简单地说，汽车的轴距就是同侧相邻前后两个车轮中心点间的距离，即从前轮中心点到后轮中心点之间的距离，就是前轮轴与后轮轴之间的距离，简称轴距，单位为 mm。

3. 前轮距/后轮距

轮距分为前轮距和后轮距，即左、右车轮中心间的距离，通常单位为 mm，较宽的轮距有更好的横向稳定性与较佳的操纵性能。

轮距越宽，车辆行驶的稳定性越好，因此越野车的轮距都比一般轿车宽。

4. 最小离地间距

汽车的最小离地间距，就是在水平面上汽车底盘的最低点与地面的间距，通常单位为 mm。不同车型其离地间距也是不同的，离地间距越大，车辆的通过性就越好。所以越野车的离地间隙要比轿车的大。

5. 风阻系数

空气阻力是汽车行驶时所遇到最大的也是最重要的外力，这种外力如图 5-1-5 所示。空气阻力系数，又称风阻系数，是计算汽车空气阻力的一个重要系数。

图 5-1-5　汽车的风阻

风阻系数可以通过风洞测得。当车辆在风洞中测试时，借由风速来模拟汽车行驶时的车速，再以测试仪器来测知这辆车需花多少力量来抵挡这个风速，使汽车不至于被风吹得后退。在测得所需之力后，再扣除车轮与地面的摩擦力，剩下的就是风阻了，然后再以空气动力学的公式就可算出风阻系数。

风阻系数 = 正面风阻力 ×2/(空气密度 × 车头正面投影面积 × 车速平方)。

一辆车的风阻系数是固定的，根据风阻系数即可算出车辆在各种速度下所受的阻力。

一般车辆的风阻系数在 0.25 ~0.4 之间，系数越小，说明风阻越小。

6. 最小转弯直径

转弯直径是指汽车外转向轮的中心平面在车辆支承平面（一般就是地面）上的轨迹圆直径，即汽车前轮处于最大转角状态行驶时，汽车前轴离转向中心最远车轮胎面中心在地面上形成的轨迹圆直径，通常单位为 m。最小转弯直径是表明汽车转弯性能灵活与否的参数，由于转向轮的左右极限转角一般有所不同，因此有左转弯直径和右转弯直径。

简单地说，就是将车辆转向盘向某个方向打满，驾驶车辆转一个圈，这个圈的直径就是车辆的最小转弯直径。

汽车产品规格较多，这里就不一一介绍了。

课后练习题

1. 产品的定义是什么？本书中讨论的产品是指什么？
2. 简述车型的分类（按照大、中、小）。
3. 根据车厢的类型，如何对汽车分类？
4. 汽车产品规格中的长、宽、高各自的定义是什么？

任务二 汽车性能展示

【任务目标】

1. 知识目标

1）了解汽车性能参数。

2）了解汽车性能指标。

2. 技能目标

1）掌握汽车性能参数。

2）掌握汽车性能评价指标。

3. 情感素养目标

1）培养学习汽车性能所需的能力及素质。

2）具备对汽车性能进行分析的能力。

【任务分析】

当一个客户来到汽车经销店，你作为销售顾问给客户介绍汽车时，需要将汽车的各种性能传达给客户，希望通过你的展示，能让客户觉得这辆车适合他，并且性价比高。

一、汽车性能评价指标

通常用来评定汽车的性能指标主要有动力性、燃油经济性、制动性、操控稳定性、平顺性以及通过性等。

1. 动力性

汽车的动力性是用汽车在良好路面上直线行驶时所能达到的平均行驶速度来表示的。汽车动力性主要用三个方面的指标来评定：最高车速、汽车的加速时间、汽车所能爬上的最大坡度。

1）最高车速——指汽车在平坦良好的路面上行驶时所能达到的最高速度。数值越大，动力性就越好。

2）汽车的加速时间——表示汽车的加速能力，它对汽车的平均行驶车速有很大的影响，特别是轿车，对加速时间更为重要。常用原地起步加速时间以及超车加速时间来表示。

3）汽车的爬坡能力——表示满载时汽车所能爬上的最大坡度。

关于汽车的动力性，打个比方，就类似你和别人在 F1 的直道上，把加速踏板踩到底，然后看谁的车跑得快一样。这主要由发动机功率和转矩、传动系统的传动效率、整车的质量、轮胎的阻力等因素决定。所以，汽车销售顾问在向购车顾客介绍时，可以适当讲解动力性这个参数。

2. 燃油经济性

汽车的燃油经济性是指在一定工况下汽车行驶 100km 的燃油消耗量或一定燃油量能使汽车行驶的里程。在我国及欧洲，汽车燃油经济性指标的单位为 L/100km，而在美国，则用 MPG 或 mile/USgal 表示，即每加仑燃油能行驶的公里数。燃油经济性与很多因素有关，如行驶速度，当汽车在接近于低速的中等车速行驶时燃油消耗量最低，高速时随车速增加而迅速增加。另外，汽车的保养与调整也会影响到汽车的油耗量。

燃油经济性进一步分类，有两种情况。

第一，等速百公里燃油消耗量，指汽车在一定载荷下（我国国家标准规定轿车为半载，货车为满载），以最高档在水平良好路面上等速行驶 100km 的燃油消耗量。

第二，循环行驶工况百公里油耗。在美国，主要测试城市循环和公路循环，然后加权平均。在这里有一个误区，厂家一般公布的是等速百公里油耗，但是车主不可能在这么好的情况下驾驶汽车，所以有一些车主就会抱怨厂家欺骗消费者，其实是他对油耗没有一个科学的认识。

所以汽车销售顾问向购车顾客介绍此参数时，应重点讲解，这毕竟是购车顾客非常关心的参数。

3. 制动性

汽车行驶时在短距离内停车且维持行驶方向稳定，以及汽车在长坡时维持一定车速的能力称为汽车的制动性。汽车的制动性能指标主要有制动效能、制动效能的恒定性、制动时汽车的方向稳定性、汽车的制动过程。

（1）制动效能

汽车的制动距离或制动减速度，用汽车在良好路面上以一定初速度制动到停车的制动距离来评价，制动距离越短，制动性能越好。

也可以这样来说，就是说你踩下制动踏板后，你的车可以迅速地做出反应，减速停车。

（2）制动效能的恒定性

制动器的抗热衰退性能，是指汽车下长坡连续制动时，制动器效能保持的程度。还有就是抗水衰退性能，汽车涉水行驶时，制动盘（钳）迅速甩干，恢复良好制动效果的能力。

可以和购车顾客举个例子。抗热衰退性能，驾龄比较长且跑过山路的朋友一定知道，如果长时间在下坡的时候踩制动踏板，应该停车后用水冷却制动盘或者制动钳。因为制动系统在摩擦的时候会产生高温，而这种高温会严重影响制动的性能。还有就是抗水衰退性能，在深圳经常会遇到台风或者下雨天，汽车涉水行驶，制动盘（钳）迅速甩干，恢复良好制动效果的能力。

（3）制动时汽车的方向稳定性

汽车制动时不发生跑偏、侧滑以及失去转向能力的性能。目前主流车型均配置 ABS、ESP 等配置，就是为了提高汽车的方向稳定性。

（4）汽车的制动过程

汽车制动过程主要是指制动机构的作用时间。

4. 操控稳定性

汽车的操控稳定性是指驾驶人在不感到紧张、疲劳的情况下，汽车能按照驾驶人通过转向系统给定的方向行驶，而当遇到外界干扰时，汽车所能抵抗干扰而保持稳定行驶的能力。

汽车操控稳定性通常用汽车的稳定转向特性来评价。转向特性有不足转向、过度转向以及中性转向三种状况。

有不足转向特性的汽车，在固定转向盘转角的情况下绕圆周加速行驶时，转弯半径会增大；有过度转向特性的汽车在这种条件下转弯半径则会逐渐减小；有中性转向特性的汽车则转弯半径不变。易操控的汽车应当有适当的不足转向特性，以防止汽车出现突然甩尾现象。

5. 行驶平顺性

汽车行驶平顺性是指汽车在行驶过程中，能保持乘员所处的振动环境具有一定舒适度的性能。这与汽车的底盘参数、车身几何参数、汽车的动力性以及操控性等有密切关系。

简单地说，就是这车坐起来要舒服。可以想象，如果你开的车除了喇叭不响，其他都在响，就算其他性能都是极品，你也没有办法接受。

汽车销售顾问可以这么说，“在开车的时候，感觉臀部就像坐在搓板上，肯定受不了。”平顺性和悬架以及车身的设计有很大的关系。简单地说，就是悬架要能减振，车身的固有频率要避开路面和发动机的激励频率。说得直白一点就是，悬架和车身要有一种能够克制“隔山打牛”的能力。

6. 通过性

通过性是指车辆通过一定情况路面的能力。

汽车销售顾问可以这么来表达：“通过能力强的车辆，可以轻松翻越坡度较大的坡道，可以放心地驶入一定深度的河流，也可以高速行驶在崎岖不平的山路上，在城市中也不用为停车上下马路牙子而担心。总之，它可以使你比其他车辆更可能去你想去的地方，让你体验到征服自然的感觉。”

这个参数需要依据不同车型、特点具体讲解，对于 SUV 车辆、四驱车辆要作为重点讲解。

二、汽车性能单据

在汽车销售企业，为了宣传讲解本款车型的要点，需要制作一些单据，将汽车的性能罗列在单据上面，这种单据综合反映了汽车性能。图 5-2-1 为某车性能单据。

车型	1.5L 手动			1.8L 手动
车型	LV0 标准型	LV1 舒适型	LV2 豪华型	LV1 舒适型
长/mm×宽/mm×高/mm	4685×1785×1745(1715不带行李架)			
轴距/mm	2750			
前后轮距/mm	1530/1525			
整备质量/kg	1340～1410			1340～1410
油箱容积/L	52			
基本性能				
发动机型式	P－Tec DVVT			VVT－1 TECH
排量/L	1.5			1.8
变速器	五档手动			
额定功率/[kW/(r/min)]	82/5800			1011/5600
最大转矩/[N·m/(r/min)]	146.5/3600～4000			186/3600～4600
压缩比	10.2:1			10:1
最高车速/(km/h)	≥150			≥160
加速性能0～100km/h/s	≤17			≤15
百公里综合工况油耗/(L/100km)	≤7.1			≤7.6
排放	国四排放标准			

图 5-2-1　某车性能单据

课后练习题

1. 评定汽车的性能指标有哪些？
2. 简述评定动力性的三个方面的指标。如何用比较容易理解的语言表达？
3. 简述汽车的燃油经济性。汽车的燃油经济性分为哪两种指标？
4. 制动效能的恒定性是指什么？
5. 简述汽车操控稳定性的定义。转向特性有哪几种状况？
6. 简述通过性的定义。如何用比较容易理解的语言表达汽车通过性？

任务三　六方位绕车介绍

【任务目标】

1. 知识目标

1）能叙述六方位绕车介绍的顺序。

2）能叙述六方位绕车介绍的要点。

2. 技能目标

1）能按照六方位绕车介绍的要求进行练习。

2）能按照六方位绕车介绍给客户做车辆介绍。

3. 情感素养目标

1）培养六方位绕车介绍所需能力及素质。

2）具备对六方位绕车介绍进行分析的能力。

【任务分析】

当一个客户观察车辆时，你作为销售顾问需要介绍车辆，希望通过你的介绍，能让客户获得车辆的整体信息，并且在心里留下较深的印象。

一、六方位绕车简介

“六方位绕车介绍”是指在向客户介绍汽车的过程中，汽车销售人员围绕汽车的车前方、车左方、车后方、车右方、驾驶室、发动机盖六个方位展示汽车。具体的六个方位的对应位置如图 5-3-1 所示。

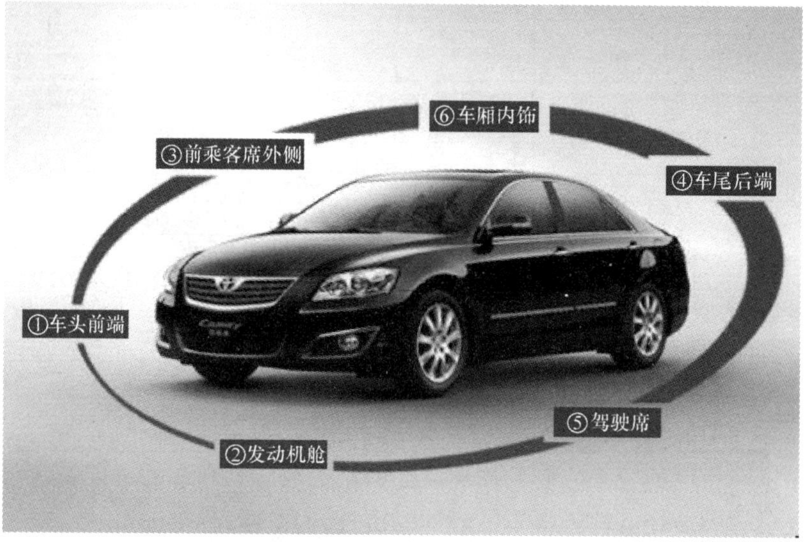

图 5-3-1　六方位绕车介绍

该六个方位的俯视对应位置如图 5-3-2 所示。该图以俯视的形式表达了观察六个方向的位置，只是每个位置的说法略有不同。本书按照六个方位的俯视对应位置进行讲解。

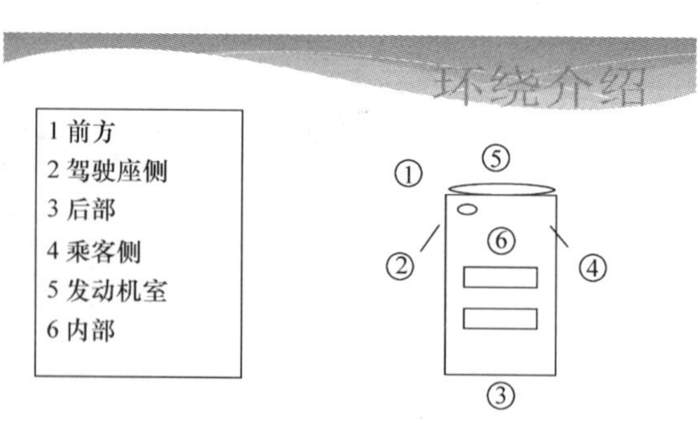

图 5-3-2　六方位绕车介绍（俯视）

1. 绕车前的准备

汽车销售顾问在“六方位绕车介绍”之前，可以预先做好一些准备工作。例如，转向盘调整至最高位置；确认所有座椅都调整回垂直位置；座椅的高度调整至最低的水平；收音机的选台，磁带、CD 的准备；车辆的清洁；汽车钥匙标记是否一一对应等。

2. 绕车讲解重点

1）前方。这是最有利于看清车辆特征的角度，如车身线条等，如图 5-3-3 所示。通常可以在这个位置向顾客做产品概述。

图 5-3-3　前方可以观察车身线条

2）驾驶座侧。汽车销售顾问应鼓励顾客打开车门进入车内，如图 5-3-4 所示。

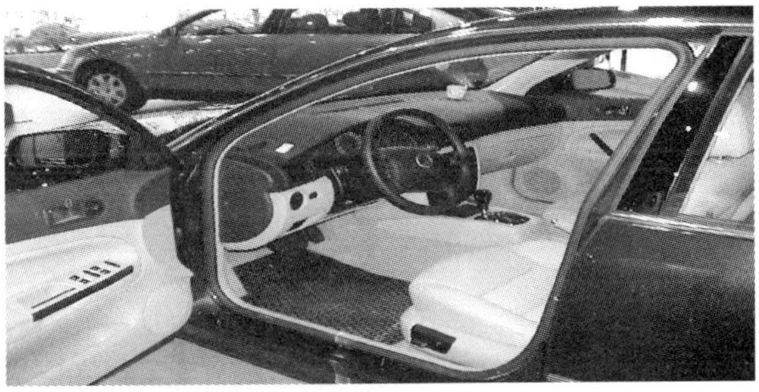

图 5-3-4　驾驶座侧观察车内

3）后部。可以突出介绍尾灯和保险杠，汽车的排气管尾端也可以在这里提及，如图 5-3-5 所示。

4）乘客侧。可以介绍安全性能，以及轮胎和悬架系统（舒适性），如图 5-3-6 所示。

图 5-3-5　在汽车后部观察大面积尾灯、一体式后保险杆、行李箱等

图 5-3-6　乘客侧观察车门防撞钢梁、四轮独立悬架

5）发动机室。可以打开发动机舱盖，近距离观察、介绍发动机，如图 5-3-7 所示。这个方位是个很重要的方位。

图 5-3-7　从发动机室一侧观察

6）车辆内部。可以近距离观察汽车内部的布局、结构，也是体验汽车舒适性的好机会，如图 5-3-8 所示。

图 5-3-8　车辆内部的观察

3. 绕车介绍的技巧

（1）绕车前的产品概述

向顾客展示选择后的车辆；从最能够满足客户的购买动机与好处开始；让顾客参与并鼓励顾客提问；让顾客动手，简要介绍寻求客户认同，让客户开口；让客户操作，如图 5-3-9 所示。

图 5-3-9　让客户操作

（2）FABE 车辆介绍

绕车前的产品介绍方法简称为 FABE，如图 5-3-10 所示。

找出顾客最感兴趣的各种特征后，分析这一特征所产生的优点，找出这一优点能够带给顾客的利益，最后提出证据。

二、六方位绕车实践

1. 前方

前方即车头 45°角的位置。重点介绍车的外观与造型，主要说明腰线的伸展。汽车销售人员首先应引导客户站在车正前方，上身微转向客户，距离 30cm，左手引导客户参观车辆，如图 5-3-11 所示。

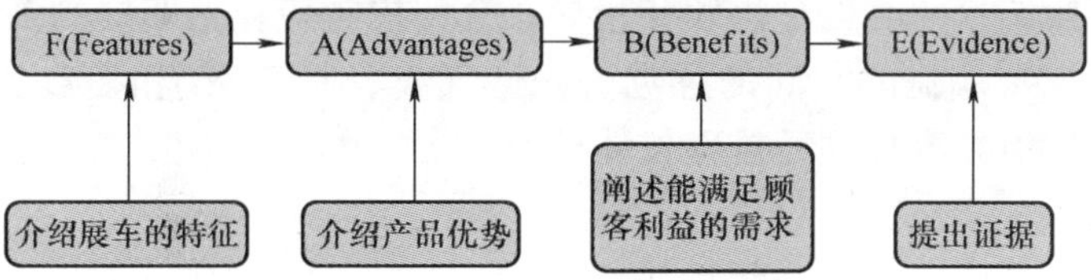

图 5-3-10 绕车前的产品概述

汽车的正前方是客户最感兴趣的地方，当汽车销售人员和客户并排站在汽车的正前方时，客户会注意到汽车的标志、保险杠、前车灯、前风窗玻璃、大型蝴蝶刮水器设备，还有汽车的高度、越野车的接近角等。

汽车销售人员在这个时候要做的就是让客户喜欢上这辆车。

图 5-3-11 前方位置介绍

比如，你向客户介绍的是捷豹 XJ 车系的车型，那么你就可以邀请车主和你并排站在捷豹轿车的正前方，然后说："捷豹轿车一贯表现优雅而经典，周身流淌着高尚的贵族血统，耐人寻味。看，由车头灯引出的四条拱起的发动机盖线条、大型的镀铬进气栅格、四个圆形头灯都延续了 XJ 车系的传统，品质自然出众。车头看起来蛮精致、蛮漂亮的，是吧?" 趁着这个大好时机，你可以给客户讲讲关于捷豹轿车车标的故事，强调你所销售的车辆与众不同的地方。

我们知道，每一款车的造型都有它与众不同的地方，如流畅明快的发动机盖线条、活泼俏皮的车灯、威武大气的保险杠……不过，在这个时候，向客户讲太多的技术参数是不太好的，而应用言语给客户描述出"一幅幅美丽壮观的画面，比如高大的棕榈树、惬意的晚风、羞红了脸的彩霞、浪漫的海滨、温馨的二人世界或者野性十足的戈壁、奋蹄奔跑的羚羊、魂牵梦绕的大漠驼铃"这样的美好画面。

2. 驾驶座侧

驾驶座侧位置主要介绍乘坐的舒适性和驾驶的操控性。汽车销售顾问带领客户钻进车里，对汽车的功能及操作做详细介绍，如图 5-3-12 所示。客户察看了汽车的外形，检查了汽车的内饰，对汽车的性能有了大致的了解，那么接下来就是告诉他驾驶的乐趣以及操作方法了。

图 5-3-12 驾驶座侧位置介绍

这时，汽车销售人员可以鼓励客户进入车内。先行开车门引导其入座。如果客户进入车内乘客位置，那么你应该告诉他的是汽车的操控性能如何优异，乘坐多么舒适等；如果客户坐到了驾驶人位置，那么你应该向客户详细解释操作方法，如刮水器的使用、如何挂档等。最好让客户进行实操作，同时进行讲解和指导，介绍内容应包括座椅的多方位调控、转向盘的调控、开车时的视野、腿部空间的感觉、安全气囊、制动系统的表现、音响和空调、车门、发动机盖，最后引导客户到后排座位体验一下。

3. 后排座椅

后排座椅称为3号位，主要介绍后排座椅的空间和它的舒适性，还要介绍后排座椅的减振设计、减振效果，如图5-3-13所示。

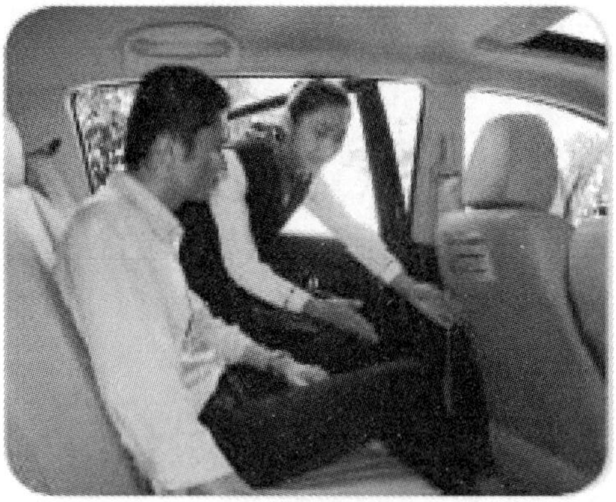

图5-3-13 后部位置介绍

4. 后部

汽车的后部称为4号位，要重点介绍车辆尾部的特点、尾灯的特点，还有行李箱，如图5-3-14所示。

站在轿车的背后，距离约60cm，从行李箱开始，依次介绍高位制动灯、后风窗加热装置、后组合尾灯、尾气排放、燃油系统。开启行李箱，掀开备胎和工具箱外盖进行介绍。千万不要以为这一步骤多余，很多挑剔的客户不是抱怨车尾太短，就是抱怨车辆不够大气，抱怨车辆没有行李箱。

由于客户刚刚走过汽车左方的时候过于关注体验，或许忽略了一些问题。这时汽车销售人员要征求客户的意见，在给他们全面地介绍后仔细地答复。尽管汽车的正后方是一个过渡的位置，但是，汽车的许多附加功能都可以在这里介绍，如后排座椅的易拆性、后门开启的方便性、存放物体的容积大小、汽车的尾翼、后视窗的刮水器、备用车胎的位置设计、尾灯的独特造型等。

介绍了上述几个方位之后，汽车销售人员应带领客户从车尾来到车辆的正右方。

5. 车身部分

客户最关心的是安全问题，而车身部分恰好就起到关键作用。

图5-3-14 后部位置介绍

这时候正是争取客户参与谈话的时刻，你应该邀请他打开车门、触摸车窗、观察轮胎，观察他的反应并邀请他坐到乘客的位置。注意观察他喜欢触摸的东西，告诉他车辆的装备及其优点，他会做一番审慎的衡量。认真回答他的问题，不要让他觉得被冷落，但是要恰到好处地保持沉默，不要给客户一种强加推销的感觉。汽车销售人员在汽车右侧向客户介绍车时，可以告诉他们一些非正式的信息。但是，要牢记不要误导客户。在欧美国家，汽车销售人员用于非正式沟通的时间不到介绍产品时间的10%。在国产奥迪A4上市之初，许多奥迪汽车的销售人员都会有这样的经历，那就是只要一说“第一批奥迪A4是德国原装的”，客户就会很快做出购买决定。如果你喜欢一些汽车的奇闻逸事的话，比如某国家元首或体育明星喜欢乘坐哪个品牌的汽车，那么你尽可告诉你的客人。在客户还缺乏相应的品牌忠诚度的时候，告诉客户一些非正式信息也是促成交易的好办法。

6. 发动机室

5 号位即发动机室，主要是介绍发动机的特点和动力性。

根据实际情况向客户介绍发动机及油耗情况。汽车销售人员站在车头前缘偏右侧，打开发动机盖，固定机盖支撑，依次向客户介绍发动机舱盖的吸能性、降噪性、发动机布置形式、防护底板、发动机技术特点、发动机信号控制系统，如图 5-3-15 所示。合上舱盖，引导客户端详前脸的端庄造型，把客户的目光吸引到品牌的标志上。

图 5-3-15 发动机室的介绍

所有的客户都会关注发动机。因此，汽车销售人员应把发动机的基本参数，包括发动机缸数、气缸的排列形式、气门、排量、最高输出功率、最大转矩等给客户做详细的介绍。

由于介绍发动机的技术参数时专业性较强，因此，在打开发动机前盖的时候，最好征求一下客户的意见，询问是否要介绍发动机。

如果客户对汽车在行，他们会认为自己懂得比你多，因此不要说得过多。对于不懂的客人，太多的技术问题会让他们害怕，言多无益。作为汽车销售人员，你只要能说出发动机是由哪个厂家生产的，动力性能如何，那就可以了。至于汽车油耗方面的问题，你可以介绍你的汽车是如何为客户节省燃油的。同时你也应该向他们推荐一些节油的方式。只要你服务友好、态度热情，他们一定会很满意。

7. 车辆内部

可以近距离观察汽车内部的布局、结构，体验汽车的舒适性，如图 5-3-8 所示。

课后练习题

六方位绕车介绍主要从哪六个方面看车？每个位置看车的特点是什么？

任务四 竞争车型比较

【任务目标】

1. 知识目标

1）了解竞争车型比较的目的。

2）了解竞争车型比较方面的知识。

2. 技能目标

1）能对某款车进行同级车的比较。

2）能够通过车型比较突出车辆某个方面的性能。

3. 情感素养目标

1）培养竞争车型比较法所需的能力及素质。

2）具备对竞争车型比较法进行分析的能力。

【任务分析】

当一个客户来到汽车经销店购车，往往之前就对此款车做了一些了解，过来看车也是为了确认该车跟他自己的了解是否有出入，客户的心里可能同时相中了几款车，正在犹豫。你作为销售顾问，可以在了解客户需求以后，针对客户需求对该车的同级车做一次对比，凸显该车的优点，增强客户购买信心。

一、车型比较的目的

一款新车上市，为了增强它的市场竞争力，汽车厂商会对该车在同级别车中做一个车型比较，来凸显该车的某些优点，以期达到增加销量，迅速占有市场份额的目的。

下面以某汽车销售顾问销售的奥迪 Q3 车型为例，对比三种竞争车型。

二、奥迪 Q3 与其他三款竞争车型的各自特点

对于奥迪 Q3 的定位，不同的用户会有不同的看法。有些购车顾客认为奥迪 Q3 是一款紧凑型 SUV，这样理解没有错，因为奥迪 Q3 采用了和大众途观一样的 PQ35 平台。

但也有购车顾客觉得奥迪 Q3 是一款 Crossover，因为这款车的目标客户群与宝马 X1 是重合的。当然除了宝马 X1 外，从价位和车型尺寸上来看，还有两款进口 SUV，福特锐界和斯巴鲁森林人也可以算是奥迪 Q3 的间接竞争对手。下面我们就来看看这四款车的具体特点。

1. 奥迪 Q3 的基本特点

作为 2007 年亮相上海车展的奥迪 Cross Coupé Quattro 概念车的量产版，奥迪 Q3 在继承奥迪 Q 系列越野家族特征的同时，也融入了更多动感的轿跑元素，显得更加紧凑和运动，其外观如图 5-4-1 所示。

图 5-4-1　奥迪 Q3 的外观

奥迪 Q3 的前部继承了奥迪 Q 系列的设计风格，但整体设计更加紧凑和运动。6 边形的进气格栅设计和此前奥迪 Q5 的 4 边形设计稍有不同。Q3 采用了新的车灯造型设计，LED 日间车灯环绕着整个氙气前照灯组。

奥迪 Q3 的车身侧面，整体上继承了 Q 系列的风格，最大的不同是车顶。车尾的线条有些倾斜向下，在 D 柱处逐渐收紧，营造出一种 COUPE 造型。而侧面最吸引眼球的就是 20in 的 5 幅大轮毂。奥迪 Q3 的尾部采用了 Q 系列车型独有的包围式理念，LED 尾灯被收纳在行李箱盖内，显得很有立体感。其车身侧面的外观如图 5-4-2 所示。

奥迪 Q3 的内饰设计延续了外观动感的设计风格，设计柔和而有力的曲线与动感的外形融为一体。而更多镀铬及皮质材料的应用让 Q3 的内饰看上去很显档次。奥迪 Q3 的内部空间与同平台的途观有一拼。内部空间方面，奥迪 Q3 可以满足 5 名成人的舒适乘坐，同时行李箱容积达到 460L，后排座椅折叠起来，这一数字还可以扩展到 1365L。奥迪 Q3 的内饰如图 5-4-3 所示。

图 5-4-2　奥迪 Q3 的车身侧面

图 5-4-3　奥迪 Q3 的内饰

Q3 低功率版本的 2.0T 发动机动力参数，介于途观 1.8T 和 2.0T 之间，比翼虎 2.0T 参数更低，但是 Q3 发动机的输出效率很高。在温柔驾驶的前提下，平顺加油，起步确实有点慢，持续给油，还是展示了 2.0T 的内涵，动力源源不断地输出，提速有劲，1800r/min 就开始升档，升档速度快，非常平顺、很线性，速度达到 60～70km/h 就升到 6 档，高速路达到 130km/h 的车速，发动机转速也不过 2200r/min，体现了良好的节油效果。如果需要急加速，在 1/3s 的滞后下，降档后马上提速，感觉车辆顿时就窜了出去，虽然推背感不强烈，但是强大的动力在高速状态下仍然给人提速超车的信心。

2. 宝马 X1 的特点

作为宝马入门级 SAV 车型，全新宝马 X1 采用宝马 3 系轿车平台打造，娇小的身材和不容小窥的多功能运动性使其成为征战紧凑级 SAV 市场的一员猛将。继宝马 X3、宝马 X5、宝马 X6 之后，宝马继续探索着 SAV 车型发展的道路。宝马 X1 率先在德国莱比锡的工厂进行制造，提供了 3 款排量不同的柴油发动机和 1 款汽油发动机的车型，进口国内的车型将配备 3.0L 直列 6 缸发动机，并采用了 xDrive 全时四驱的驱动方式。

宝马 X1 拥有 2760mm 的轴距，与国内少有的几款与其形成竞争的车型相比，宝马 X1 仅比奥迪 Q5 短了 47mm，在紧凑级 SAV 车型中其轴距较长，带来了更好的内部空间优势。同时，作为宝马品牌高端入门级 SAV，其品牌影响力以及强调运动的特性，无疑也将为宝马 X1 增色不少。宝马 X1 车身长度为 4.45m。而方形轮罩、更大的离地间隙、下部细长的护罩和垂直的宝马双肾形进气格栅，则明显体现了新车型的强劲。其外观如图 5-4-4 所示。

图 5-4-4　宝马 X1 的外观

汽车销售顾问可以简单回顾宝马 X1 的车型特点，突出奥迪 Q3 的轴距比宝马 X1 的长，而且在价格上也具有一定的吸引力，适当地将顾客的心吸引到奥迪 Q3 上来。

宝马 X1 的车辆配置有电动全景式天窗、指挥官座椅。巧妙的内部曲面设计，以及设计灵巧的 40/20/40 可折叠后排座椅，为客户提供了宽阔而且灵活可变的车内空间。根据后排座椅调整比例的不同，行李箱容量可从 420L 增加到 1350L。其内饰如图 5-4-5 所示。

汽车销售顾问可以总结宝马 X1 的内饰比较平淡，突出奥迪 Q3 的内饰特点。

宝马 X1 xDrive 28i 装备了宝马经典的自然吸气直列 6 缸汽油发动机。镁/铝合金复合材料曲轴箱的使用，使它成为世界上最轻的 6 缸发动机，而 VALVETRONIC 电子气门技术，实现了气门升程和正时的无级控制。最大输出功率为 190kW，最大转矩 310N · m，配合运动型 6 速手自一体自动变速器，宝马 X10 ~ 100km/h 加速时间仅 6. 8s。此外，宝马著名的 xDrive 智能全轮驱动系统第一次提供给一款紧凑型汽车。而宝马独有的 DSC + 动态稳定控制系统，为车辆的动态行驶提供了全面的安全保障。其发动机如图 5-4-6 所示。

图 5-4-5　宝马 X1 的内饰

图 5-4-6　宝马 X1 的发动机

汽车销售顾问可以强调奥迪 Q3 主要搭载一款 TDI 及两款 TFSI 发动机，预计还拥有动能回收及起/停技术，输出功率为 103 ~ 155kW。

而对于宝马 X1 的发动机，可以介绍镁/铝合金复合材料曲轴箱、VALVETRONIC 电子气门技术、智能全轮驱动系统等的优势。

3. 福特锐界的特点

福特锐界是一款中型 SUV 车型，在福特 CD3 平台上打造。与福特 EUCD 平台一样，CD3 平台属于福特全球中级轿车平台，具备前置前驱和四轮驱动两种布置方式。它是马自达与福特共同针对北美市场在日本完成开发的。

福特锐界车长 4680mm、宽 1930mm、高 1700mm、轴距 2824mm。新车定位在中级 SUV 市场。整备质量达到了 1945kg。前脸采用了福特在北美市场的家族式设计风格。福特锐界后排具备了更加宽阔的乘坐空间。即便是身高 1. 8m 的乘客坐在后排，依旧不会感到拥挤和压抑。福特锐界的外观如图 5-4-7 所示。

图 5-4-7　福特锐界的外观

锐界只提供了 3. 5L V6 发动机一种动力选择。在技术上，它采用了双独立式凸轮轴可变正时技术（Ti - VCT），这恰恰是时下最为主流的技术。最大功率达到 212kW，峰值转矩则为 336N · m，动力非常强悍。与之匹配的是一款 6 速手自一体变速器。而它对油耗的控制也更加经济，即便自重达到了 2. 3t，但综合使用油耗依旧可以媲美同排量的日韩车型。

汽车销售顾问可以强调奥迪 Q3 的品牌特点，说明奥迪 Q3 发动机系列突出的技术特点，比如 Q3 发动机的输出效率很高，动力强劲。

4. 斯巴鲁森林人的特点

斯巴鲁森林人是斯巴鲁在 1997 年推出的车型。以左右对称全时四轮驱动系统（Symmetrical AWD）与斯巴鲁水平对置发动机（SUBARU BOXER）这两项优秀汽车技术的结合为基础，它从诞生之初即以出色的行驶性能与多功能性的完美结合在跨界 SUV 车型的发展潮流中独领风骚。其外观如图 5-4-8。

图 5-4-8 斯巴鲁森林人外观

2011 款斯巴鲁森林人最大的变化就是对动力总成进行了升级，其采用了全新的 2.5L DOHC 水平对置四缸发动机，经过重新设计的凸轮轴可让峰值扭力由原先的 230N·m增加至 236N·m，并可在较低的转速时提前达到峰值扭力。节油性能也较旧款发动机有所提升。其发动机外观如图 5-4-9 所示。不过变速器却没有任何变化。

另外，2011 款斯巴鲁森林人通过全新设计的前格栅、大型车顶扰流器以及新型铝合金轮毂等外观上的改进，使整体车型风格更加动感、强悍。除了在外观和动力方面的进化，2011 款斯巴鲁森林人为了增加驾驶的舒适性和安全性，还配备了全面而实用的车内设施，并通过精心设计使各种设施操控简单而便利。

图 5-4-9 斯巴鲁森林人发动机

这些设施包括带 7in TFT 显示屏的音响 – DVD 导航系统、蓝牙电话免提系统、左右双区域独立自动空调系统、定速巡航系统等。2011 款斯巴鲁森林人还拥有宽阔的车内空间，并且可以通过后排座椅靠背按 60/40 折叠放倒来灵活分配使用，由此实现了强大的多功能性。其驾驶人位置内部布局如图 5-4-10 所示。

在安全方面，标准配置的车辆动态控制系统（VDC）与左右对称全时四轮驱动系统（Symmetrical AWD）共同打造的行驶稳定性和精准操控实现了主动安全，这与高强度环形车架、全方位安全气囊等被动安全设施一起为使用者提供了高水平的驾乘保护。

三、奥迪 Q3 与其他三款竞争车型的对比分析

1. 消费群体

奥迪 Q3 属于一款紧凑型 SUV，因为它采用的是和大众途观相同的 PQ35 平台。但目前的紧凑型城市 SUV 与跨界车之间的界定比较模糊。例如，奥迪 Q3 的主要竞争对手宝马 X1 就是一款 Crossover 跨界车，但很多用户还是把它当作 SUV 看待。奥迪 Q3 和宝马 X1 对应的目标客户群，都是有品位并且比较追求个性化的年轻群体。

同样是紧凑型 SUV，但奥迪 Q3 的定位比部分国内生产的合资品牌 SUV 高出不少。这其中奥迪的品牌是一方面因素，另一方面 Q3 内在的品质确实达到了很高的标准。和宝马 X1

一样，奥迪 Q3 虽然也能提供不错的通过性能，不过它的车身尺寸还是有些小巧。

2. 价格区间和品牌影响力

购车客户也很关注价格区间相似的福特锐界和斯巴鲁森林人。这两款都是进口 SUV，其中福特锐界是这几款 SUV 中尺寸最大的一款。不过福特锐界由于只有一种动力总成可选，其可供用户选择的范围比较窄。

图 5-4-10 斯巴鲁森林人驾驶人位置内部布局

而斯巴鲁森林人的尺寸和奥迪 Q3 接近，但它和锐界一样，其品牌的影响力要比奥迪和宝马差一截。所以只是比较性能的话，其实福特锐界和斯巴鲁森林人不见得比 Q3 逊色多少。但真正可能会影响到客户购买的原因，还是品牌的作用，这才是奥迪 Q3 真正和其他同级对手间的区别。

课后练习题

1. 简述车型比较的目的。

2. 简述奥迪 Q3 的外观、车身侧面、内饰、发动机的基本特点（用比较适合售车顾问的语言表达），并与一款竞争车型对照。

任务五 试乘试驾介绍

【任务目标】

1. 知识目标

1）了解试乘试驾的作用。

2）了解试乘试驾的准备工作。

2. 技能目标

1）掌握试乘试驾流程。

2）能完成试乘试驾中客户的参与和确认工作。

3. 情感素养目标

1）培养试乘试驾所需的能力及素质。

2）具备对试乘试驾购车顾客进行分析的能力。

【任务分析】

当一个客户来到汽车经销店，你作为销售顾问需要负责接待，希望通过你对试乘试驾的介绍，使客户能顺利完成试乘试驾过程。

一、试乘试驾的作用

汽车销售顾问针对目标性很强的顾客，让顾客试乘试驾，感性地了解车辆有关信息，通过这个最好的机会，让顾客切身体会驾乘感受，加深对产品说明的认同感，更加有力地促进汽车的销售。

二、试乘试驾的准备工作

汽车销售顾问在试乘试驾前，应当做好一些相关的准备工作。准备工作包括试乘试驾的文档准备、车辆的准备、路线的规划和人员的准备等。

1. 试乘试驾的文档

汽车销售顾问在试乘试驾前，需要进行一些相关的文档准备工作。虽然试乘试驾这项活动，对于汽车销售顾问来说比较熟悉，但是也不能排除期间的风险性，因此签署一些文档，对于保障购车顾客的安全，避免出现事故后的纠纷，还是很有必要的。

（1）试乘试驾调查表

各家汽车销售企业关于试乘试驾的文档，大体差不多。图 5-5-1 是某家汽车销售企业

一汽-大众　　Audi 突破科技 启迪未来

欢迎您来我店试乘试驾

试驾协议书

甲方: 深圳市宗正汽车贸易有限公司(以下简称甲方)

乙方:　　　　(以下简称乙方)

为了更好的让乙方了解奥迪车的性能，甲、乙双方本着自愿的原则，签署该协议书，双方应共同遵守;

1、乙方应身体健康合格，没有饮酒。

2、乙方持有与试驾车型相符的驾驶证且正常年审并进行登记。

3、试驾过程中乙方应绝对服从甲方工作人员指挥、安排，按路线和时间、顺序试驾，不得随意改变试驾路线、加速、急转弯、刹车等。

4、每次试乘试驾乙方人员不得超过一人。

5、乙方应注意保持车内卫生，不得吸烟、吃零食等。

6、乙方因自身操作失误造成自身损害等情况的，一切责任由乙方承担，与甲方无关。

7、试驾过程中造成的一切车辆及相关损失均由乙方承担。

8、乙方同意驾驶新车(如商品车、无牌、无证、无上保险车)上路行驶，表示乙方自原采用该种试车方式，并保证承担所有风险，即乙方必须承担包含但不止于以下的风险;

A、如车辆损坏的，损坏车辆的维修费全部由乙方承担; 如损坏车辆的维修费在车价20%以上的（含本数），该车必须由乙方一次性按厂家指导价买断，并承担该车的维修费用。

B、试驾过程中，如造成人员伤亡，第三者损害及其它损失的，由乙方负全部责任。

C、损坏车辆的维修恢复标准商品车的出厂标准执行。

9、乙方应该遵守甲方工作人员宣布的其它注意事项，若乙方不听从甲方劝告，导致产生交通违章，则由乙方承担违章费用。

10、本协仪一经签名，立即生效。

甲方: 深圳市宗正汽车贸易有限公司

乙方:

日期:

试驾评价表

车型:　　　　车牌号:

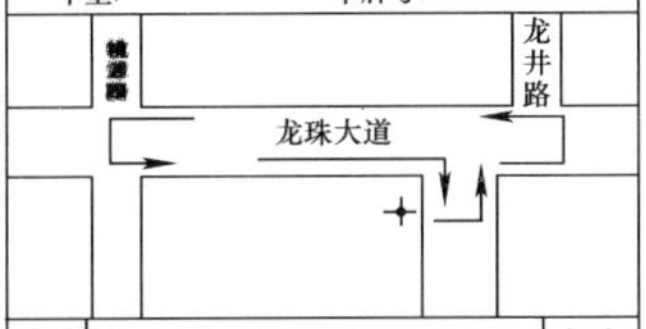

序号	试驾评分项目	得分
1	开关的操作性能如何?	
2	刹车性能如何?	
3	发动机的性能如何?	
4	方向盘操作性能如何?	
5	加速性能如何?	
6	行驶时换道性能如何?	
7	对奥迪汽车的品质感觉如何?	
8	工作人员态度和引导是否清晰明确?	

注:以上每项目最高为10分，最低为1分。

序号	试驾反馈项目	是	否
1	销售顾问是否陪同试驾?	□	□
2	销售顾问是否根据您的要求建议了能够体现车辆性能和特点的试车路线?	□	□
3	销售顾问是否详细地介绍了车辆的操作常识?	□	□
4	试车是否在公共道路上?	□	□

客户确认(签名):

乙方姓名:　　　　性别:

年龄:

联系电话:

图 5-5-1　某汽车销售企业的试乘试驾评价表

的试乘试驾调查表。

（2）购车意向书

汽车销售顾问在试乘试驾之后，可以依据购车顾客需求，签订购车意向书，以进一步巩固及吸引购车顾客。购车意向书如图 5-5-2 所示。

一汽-大众　　　　Audi 突破科技 启迪未来

购 车 意 向 书　　　编号：A 0002190

日期：　　年　　月　　日

客户信息

客户：　　　　联系方式：　　　　接待时间：

预约：是□ 否□　　　　信息来源：　　　　结束时间：

一、欢迎

1、递名片：是□ 否□　　2、提供车型资料：是□ 否□　　3、整个过程用姓氏称呼：是□ 否□

二、资格评定

1、感兴趣的车型及装备：______　2、现用车型及装备：______　3、年行驶里程：______

4、二手车置换：是□ 否□　5、大用户：是□ 否□　6、主要用途：______

7、驾驶习惯：______　8、新车预算：______　9、期望交车时间：______

10、推荐车型(包含动力总成和选装装备)：______

三、新车展示

1、主动展示车辆：是□ 否□　2、邀请入车内：是□ 否□　3、使用QFABQ展示客户利益点如下：

外观□　灯光□　发动机□　车身□　车尾□　Qunttro□　ESP□　WMI□　启停系统□　交速箱□

四、试乘试驾

1、主动预约试驾：是□ 否□　2、未试驾原因：______　3、线路选择：舒适□　运动□

4、详细介绍车辆操控常识：座椅调节、安全带□手刺□　随速助力□ 发动机□ 底盘□　制动□　音箱□

五、报价/协商

1、付款方式：按揭□　一次性□　租赁□　　2、公司或家人有无奥迪车：是□ 否□

3、强调奥迪品牌为优势(历史□ 尊贵□ 动感□)　　4、强调奥迪产品优势(安全□　品质□　技术□)

5、介绍经销商 24小进救援、免费洗车：是□ 否□　　6、介绍保养、保修、联保、延保：是□ 否□

7、奥迪保有量高，二手车保值性高小区：1年______ 2年______ 3年______

8、可选装的装备：　导航□　倒车影像□　真皮□　前后护板□　踏板□　天窗□

9、是否提供一部样画、存货或二手车：是□ 否□

10、是否可以马上订车：是□　否□

11、其它赠送精口：香水□　头枕□　抱枕□　地毯□　折扣□　其它：______

车　型：______　　提供购车意向书及信息材料：是□ 否□

车身价：______　　按揭预算

购置税：______　　贷款额：______

上牌费：______　　首付款：______

保险费：______　　分期数：______

精品费：______　　手续费：______

合计价：______　　月还款：______

协调价：______

深圳市宗正汽车贸易有限公司　地址：深圳市南山区龙珠大道80号　销售电话：26788980　26788981

销售顾问：　　　　客户确认：

电　　话：　　　　电　　话：

第一联　销售顾问（白）

第二联　顾客（红）

图 5-5-2　购车意向书

2. 其他准备工作

汽车销售顾问在试乘试驾之前，需要准备试乘试驾车辆，进行路线的规划和人员的准备。

（1）试乘试驾车辆清洁

汽车销售顾问在试乘试驾车辆之前，应由专人负责维护和清洁。这样的车辆，会给予购车顾客一种良好的感觉与体会，如图 5-5-3 所示。

（2）试乘试驾车辆线路规划

图 5-5-4 为试乘试驾的路线。试乘试驾的路线应合理规划，灵活组织各种路况。注意，销售人员必须具有合法的驾驶执照，才能亲自驾驶相应的试车车辆。

图 5-5-3　专人负责维护和清洁试驾车辆

（3）试乘试驾顾客登记

正常情况下汽车经销商每天的试乘试驾次数只有几次。但是有时候参加汽车展会，会有大量的试车顾客前来试车，此时应根据试车要求，要求顾客填写试乘试驾登记表，合理安排时间，依次安排试驾，如图 5-5-5 所示。

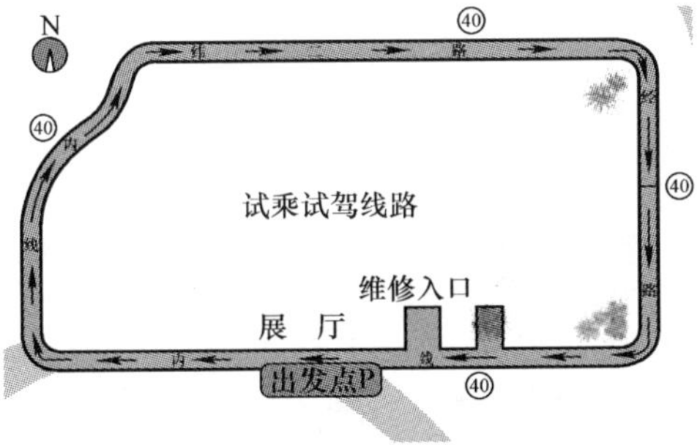

图 5-5-4　试乘试驾的路线

图 5-5-5　依次安排试驾

汽车销售顾问准备好试乘试驾协议书，以此明确界定双方的权利和义务；准备好试乘试驾评价表，以备顾客试乘试驾后填写。

三、试乘试驾流程

当汽车销售顾问和汽车购买者坐在汽车里面，就可以进行试乘试驾了。下面就按照试乘试驾的流程，分别按试乘试驾前、中、后三个阶段进行说明。

1. 试乘试驾前

汽车销售顾问按试乘试驾流程图解释活动过程，顾客出示驾驶证并进行登记，签署试乘试驾同意书，汽车销售顾问确认和说明试乘试驾路线、规范、试驾时间，并向顾客介绍车辆的操作特点。总之，在客户驾车之前，销售人员应给客户提示注意事项，如图 5-5-6 所示。

2. 试乘试驾中

可以安排客户试乘，销售人员亲自驾车，请购车顾客体会乘坐的舒适性，感受汽车的振动、室内的噪声及安定性等。

客户试驾，请客户系上安全带，汽车销售顾问一定要在车上。女性汽车销售顾问一定要注意安全，可以邀请其他同事陪同。有的汽车需要踩一脚制动踏板才能够起动，有的则需要提示汽车制动踏板、加速踏板位置，提示顾客不要单脚操作加速踏板、制动踏板，如图 5-5-7 所示。

可以提示试驾顾客，确认发动机的动力，感觉脚和加速踏板的配合度。可以建议顾客开车的过程中加速，感受发动机的强劲动力。

图 5-5-6　试乘试驾前提示注意事项

图 5-5-7　试乘试驾中向购车顾客解释汽车各项设备

汽车销售顾问可以介绍车辆的操纵性，如减振性能等。

3. 试乘试驾后

汽车销售顾问和购车顾客将汽车开入店内，如图 5-5-8 所示。上交车钥匙并及时复位车辆，并邀请购车顾客进入展厅进一步详谈。由于顾客已经试乘试驾了汽车，因此要积极寻求与客户的共识点，找到相应的沟通区间。

图 5-5-8　试乘试驾后，将汽车开入店内

汽车销售顾问可以邀请客户进展厅，告知顾客已为他们准备好了精美礼品，或者以填写表单为由，请顾客进展厅。为了留住客户，可以适时地与顾客继续交谈，消除顾客的疑虑；照顾好小孩，因为留住小孩就留住了顾客。

课后练习题

1. 试乘试驾的目的是什么？
2. 试乘试驾的文档主要有哪两份？
3. 简述试乘试驾前、中、后三阶段各自的特点。

学习情景六 客户沟通

任务一 客户异议类型

【任务目标】

1. 知识目标

1）能叙述客户异议基本内涵。

2）能叙述客户异议基本类型。

2. 技能目标

1）能区分和判断客户的异议类型。

2）能对不同的客户异议类型进行针对性的分析，积累相关的经验。

3. 情感素养目标

1）培养解决客户异议所需的能力及素质。

2）具备对客户异议进行分析并及时解决的能力。

【任务分析】

当一个购车客户来到汽车经销店，你作为汽车销售顾问需要负责接待，客户提出一系列的异议，通过你的判断，推测该客户购买车辆的意愿或该客户提出异议的真实意图。

一、客户异议的概念

客户异议是指销售人员在销售过程中，客户对你的不赞同、提出质疑或拒绝。

对于汽车销售顾问，客户的异议绝大部分是对所购买车辆抱有负面的看法。但对一位有经验的汽车销售顾问而言，他却能从另外一个角度来体会异议，判断购车客户异议背后的含意。根据经验，最初没有异议的客户往往才是最难对付的客户。俗话说，先小人后君子。

购车客户“异议”的提出，是“汽车销售顾问是从客户的拒绝开始”的最好印证。

1）从客户提出的异议，你能判断客户真实的需求，他到底内心深处喜欢什么车辆?

2）从客户提出的异议，你能了解客户对你接受的程度，从而迅速地修正销售策略。

3）从客户提出的异议，你能获得更多的信息，如竞争车商有什么新的优惠、新的吸引顾客的计划等。

二、购车客户异议的类型

按购车客户异议性质的不同，可分为真实异议、虚假异议和隐藏异议。

按客户异议内容的不同，可分为需求异议、财力异议、权力异议、购买时间异议、产品异议、价格异议、服务异议、客服人员异议等。如果细分的话，其中需求异议、财力异议、权力异议、购买时间异议属于源于客户方本身的异议；而产品异议、价格异议、服务异议、客服人员异议则是源于销售方的异议。购车客户异议的分类如图 6-1-1 所示。

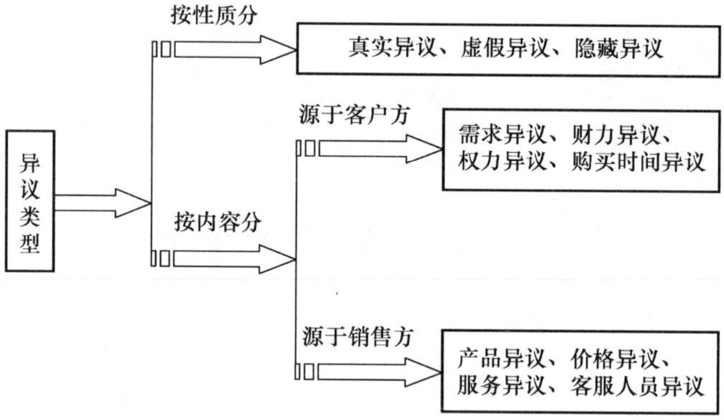

图 6-1-1　购车客户异议的分类

1. 真实异议

真实异议指购车客户所提出的异议是他内心的真实想法或反对理由。通常表现为车价过高、车的价格与配置不好、其他竞争车型的优惠力度很大等。

2. 虚假异议

虚假异议指客户用借口、敷衍的方式应付销售人员，目的是不想诚意地和销售人员会谈，不想真心介入销售活动。

对于虚假异议应分析产生的原因，以确定是否有进一步进行推销的可能性。虚假异议表现为对汽车购买不热心、只是看看或者到店享受免费空调或饮料、路过休息等。因此，汽车销售顾问应及时判别此类人群是否真正有意愿购车。在实际推销活动中，这样的虚假异议占顾客异议的比例还是比较多的。

3. 隐藏异议

隐藏异议指客户并不把真正的异议提出，而是提出各种真的异议或假的异议，目的是要借此假象达成隐藏异议解决的有利环境。

例如，客户希望降价，但却提出其他如品质、外观、颜色等异议，以降低产品的价值，而达成降价的目的。

三、技能训练

根据异议分类的原则，对具体客户异议进行分类，并研究相应的处理建议，如图 6-1-2 所示。

因此，在分析客户所存在的异议时，客服人员要及时做出反应，找对方向，给出良好的建议。客服人员在面对客户的时候，要认真专注地为客户排忧解难，及时处理。要学会聆听，分析客户的要求，然后提供满意的服务。

客户异议	所属类别（根据性质划分）	所属类别（根据内容划分）	处理建议
客户：“这种车款设计得太古板，颜色也不好看。”	虚假异议	价格异议	可以从汽车产品的质量和适合度等方面来给客户介绍，也可以稍稍降低价格
客户：“算了，这款汽车的功能连你（汽车销售顾问员）自己都不明白，我不买了。”	真实异议	客服人员异议	推荐更为专业的客服人员来为客户进行解答
客户：“给我10%的折扣，我今天就给你下订单。”	隐藏异议	价格异议	从产品的质量、数量方面适当地减价。当然要从服务方面来提高附加值，说服客户接受，购买
客户（一中年妇女）：“我这把年纪买这么贵的车干什么，一般的车型就可以了。”	虚假异议	需求异议	从更深处挖掘，高档、高质量的产品才更加有保障，能为客户带来更多有利的价值
客户：“××汽车公司是我们的老关系户，我们没有理由中断和他们的购车关系，转而向你们公司购买你们这款车型。”	真实异议	需求异议	应从产品质量、价格等方面和其他品牌相同类产品进行对比，凸显出自家产品的优势和为客户带来的最大价值
客户：“嗯，听起来不错，但我店里现在有7个品牌21种型号的牙膏，没地方放你的××牙膏了。”	隐藏异议	产品异议	通过对产品的功效、质量、市场销售热度来打动客户。为客户带来更多的利益

图 6-1-2　异议分类的原则

课后练习题

1. 客户异议的定义是什么？

2. 按购车客户异议性质的不同，可分为哪些异议？按客户异议内容的不同，可分为哪些异议？

3. 客户：“这款车设计得太古板，颜色也不好看。”这是哪类异议？你有什么，处理建议？

4. 客户："算了，这款汽车的功能连你（汽车销售顾问）自己都不明白，我不买了。"这是哪类异议？你有什么处理建议？

任务二　客户异议分析

【任务目标】

1. 知识目标

1）能正确认识客户异议。

2）能叙述不同客户异议的原因。

2. 技能目标

1）能对不同的客户异议进行有针对性的原因分析。

2）正确理解客户异议，保持良好心态。

3. 情感素养目标

1）培养分析客户异议所需的能力及素质。

2）具备对客户异议进行分析并及时解决的能力。

【任务分析】

当一个购车客户来到汽车经销店，你作为汽车销售顾问需要负责接待，客户提出异议，请仔细分析该客户提出异议的真实原因，以便采取进一步的策略。

客户的异议其实说明了他的兴趣、关注和顾虑，寻找并分析其背后的原因有利于销售人员获悉解决问题的关键点所在，以便制定相应的策略。

一、正确认识客户异议

1. 认识客户说辞是"真实异议"还是"借口"？

貌似"异议"，有时候可能只是一种"借口"（虚假异议或隐藏异议）。对顾客来说，"借口"是一种试图隐藏他真正问题的防御手段。

销售实践中，处理"借口"没有意义，我们需要找到"借口"背后真正的"异议"。所以，需具体问题具体分析。

（1）真实异议

心直口快类型的客户通常会直截了当地说出他对你的产品或服务不满意或对你的产品抱有偏见。例如，"我的朋友开的就是这款车，但它好像很容易出故障，根本就不像广告宣传的那么好""听说这车的油耗很高，现在市场上的油价又一路上涨"。

当客户提出真实异议时，就意味着：你的产品所带来的客户利益还不够充分，或者客户根本不感兴趣，或者你的服务让客户感到不满意。这时，你首先要做的是加强对产品知识的掌握，多了解产品能为客户带来的利益，并积极洞悉客户的心理，为客户提供更为优秀的服务。

（2）借口（虚假异议或隐藏异议）

所谓“借口”，是客户所提出的异议不是他内心的真实想法，只是购买洽谈中应用的一个策略。大致可分三种情况。

1）客户所提出的异议只是他用来敷衍、应付销售代表的借口，目的是不想和销售代表会谈，或不希望被打扰。

2）客户对我们介绍的产品有需求，但由于价格、信心等原因而不愿意购买。

3）客户虽然提出很多异议，但这些异议并不是他们真正在意的地方。提出一些假异议以争取达到自己的真实目的。

例如，当客户想要你降低价格时，他通常会挑出某些毛病来，如“这车的外形显得不够大气”“内饰还停留在几年前的水平上，很老气”之类的异议。其实，这是客户为了增加自己手中的砝码，寻找不存在的缺陷或扩大产品中微小的不足之处来进行策略性的试探，以寻求价格上的减让或在谈判中提高自己的位势。

因此，如果你认定客户提出的异议是“假异议”，那么，你首先应该揣测客户内心的真实想法，才能据此对症下药。

2. 辨别真假异议的方式

1）当你为客户提出的异议提供肯定确凿的答案，注意留心观察客户的反应。一般来说，他们要是无动于衷的话，就表明他们没有告诉你真正的异议。

2）当客户在短时间内提出一系列毫不相干的异议时，他们很可能是在掩饰那些真正困扰他们的原因。

3）当无法判断客户内心的真实想法时，你甚至可以大胆地直接发问。比如：“刘先生，我相信这部车很适合您，并且您对这部车也很有兴趣，但是我觉得您好像有什么顾虑又不肯说出口，您能告诉我真正的原因吗？”记住，提问是你了解真相的一个好办法。

3. 没有异议的客户就一定是“潜在客户”吗？

有些顾客可能从头到尾都没有提出过任何异议，他们选择保持沉默，直至沉默地永远离开……有些一直赞美你和你的产品的顾客，最终有多少买了你的车呢？

所以事实表明，没有异议的客户往往并非“潜在客户”，或者说往往才是最难处理的客户。

4. 异议传递的真实信号是什么？

1）顾客感兴趣。

2）顾客有疑问想解决。

3）顾客希望继续交谈下去。

例如，“你解决了我的疑虑，我就可以考虑……。”

因此，异议是顾客想传递给我们的最重要，也是最积极的信号。

5. 异议是我们的机会

1）异议让销售过程可以持续下去。

2）异议让你有机会更多地了解顾客的真实想法。

3）异议让你有机会展示你是一个善解人意的人，一个为客户设身处地排忧解难的人。因此，异议是真正销售的开始。

面对异议，平和的心态和积极的态度尤显重要。成功的汽车销售顾问会把异议当成一种积极的信号，抓住这个销售的机会；保持平和的心态和积极的态度，认真听取并理解顾客的异议，并且站在顾客立场上，体贴耐心地化解顾客的异议。

二、客户异议产生的原因分析

异议产生可能来自购车顾客的原因、销售的原因或产品的原因。

1. 购车顾客产生的异议

购车客户的原因，大致有以下七种。

1）拒绝改变。大多数人对改变都会产生抵抗，销售人员的工作，具有带给客户改变的含意。

2）情绪处于低潮。当客户情绪正处于低潮时，没有心情进行商谈，容易提出异议。

3）没有意愿。客户的意愿没有被激发出来，没有能引起他的注意及兴趣。

4）无法满足客户的需要。客户的需要不能充分被满足，因而无法认同你提供的商品。

5）预算不足。客户预算不足会产生价格上的异议。

6）推托。客户不想花时间会谈。

7）客户抱有隐藏的异议。客户抱有隐藏异议时，会提出各式各样的异议。

2. 销售人员产生的异议

销售人员的原因，大致有以下七种。

1）销售人员无法赢得客户的好感。销售人员的举止态度让客户产生反感。

2）做了夸大不实的陈述。销售人员为了说服客户，往往以不实的说辞哄骗客户，结果带来更多的异议。

3）使用过多的专门术语。销售人员在说明产品时，若过多介绍高深的专业理论知识，会让客户觉得自己无法胜任使用，而提出异议。

4）事实调查不正确。销售人员引用不正确的调查资料，引起客户的异议。

5）不当的沟通。说得太多或听得太少都无法把握住客户的问题点，而产生许多的异议。

6）展示失败。展示失败会立刻遭到客户的质疑。

7）姿态过高。销售人员总是试图说服客户，让客户词穷，使客户感觉不愉快，而提出许多主观的异议。例如，不喜欢这种颜色，不喜欢这个式样。

3. 产品方面产生的异议

产品方面的原因，大致分以下三种。

1）产品的价格太高。

2）产品的品质、功能、风格等方面不能让客户满意。

3）产品无法满足客户的需要。

三、客户异议产生的深层次原因分析

异议原因还可以分为理性原因、感性原因和战术性原因。

1. 理性原因

通常，客户会基于本身的经济状况、使用情况和对同类产品及技术的了解而表达对产品的不认可，如不合适、价格过高、技术落后等。但更多的时候客户会因为信息不充分或缺乏经验而产生错误的理解，这时销售人员能否提出真实有说服力的解释尤为重要。

2. 感性原因

另一方面，很多异议都是出于情感和心理上的不满和恐惧，如客户会在采购过程中在乎别人（特别是上级和同事）的看法，同时也会考虑到是否影响下属心目中自身专业素养和技术水平方面的威望。如果客户所在组织正处于动荡期或其本身地位不稳固，这时对于存在的一些意想不到的风险和麻烦会特别在意。通常，许多异议其实缺乏道理和合理的解释，完全是杞人忧天，仅仅出于当事人对某些事物消极的态度和错误的看法。

3. 战术性原因

客户也会寻找不存在的缺陷或扩大小的不足来进行策略性的试探，增加自己手中的砝码，最常见的就是寻求价格上的减让和在谈判中提高自己的位势。另外，在受到竞争对手的压力时，客户有时也会通过异议来暗示自己的不满。

四、技能训练

下面分析几个客户异议的产生原因。

1. 客户："我现在没时间考虑，请寄该车型的书面资料给我。"

参考答案：这是最为常见的推托。多属客户方面的原因，当你通过电话找到了潜在客户，他让你寄一些资料给他，很多情况下我们会很积极地响应客户的要求，并且为此很开心，相信自己在销售过程中向前迈了一大步。事实上，一旦你挂上电话，客户便会又去做自己的事，你寄送的资料便会石沉大海，因为客户一天要收到许多份资料，通常都会作为垃圾邮件处理掉。即使收到并看了你的资料，头脑中也不会留下什么深刻的印象。这种情况应强调寄件的不安全性，并争取面谈的机会。

2. "我们没有购买你们车型产品的费用。"

参考答案：客户自身原因，所以表现出没有意愿。

没有你们车型产品的费用，通常是因为购车项目未列上议事日程或根本就没有购买产品或服务的计划，但并不代表客户没有购买产品的经济能力。

如果是真正没有购买产品经济能力的客户，销售人员是没有办法的，要么他不是我们的潜在客户，要么只能客户自己想办法，我们帮不了客户。因此客户说没有预算时千万不要说我们可以降低价格来获取客户的购买意向，因为没有预算不代表他没有经济能力，如果客户真正没有经济能力我们降价也是没用的。

所以，客户说没有预算通常是指没有购买计划或尚未提到议事日程上。但是，并非要等到客户有了购买计划或列入议事日程我们才去跟进客户，到那个时候也许会慢了一步，被你的竞争对手抢了先。

3. "你们的车型价格太高了。"

参考答案：价格太高显然是产品原因，但几乎是每次销售中都会遇到的拒绝理由，因为人都有还价的欲望，物美价廉是商品经济最基本的规律。

当然，如果你的价格确实很高，那么没有人会购买你的汽车产品，贵公司也会被淘汰出局。价格是相对价值而言的，并非一个绝对的概念。因此，我们需要向客户阐明的是我们的汽车产品或服务与所报的价格是等值的，也就是一分价钱一分货，我的价格高是因为我的产品性能或服务质量好。

因此，当客户有这样的异议时我们应认同客户的观点，一方面承认自己的产品价格不是市场上最低的价格，另一方面也不是最高的价格。我们的任务不是和客户商讨价格的高低，而是要向客户证明产品的价值所在，客户总是希望寻找到最低的总成本方案（即低投入高产出），而不是产品或服务的最低价。

课后练习题

1. 如何识别客户说辞是“真实异议”还是“借口”？
2. 借口（虚假异议或隐藏异议），可以按照哪三种方式理解？
3. 产品方面产生的异议，大致有哪三种原因？
4. 客户异议产生的深层次原因有哪些？
5. 有客户说：“我现在没时间考虑，请寄该车型的书面资料给我。”你该如何理解？

任务三 客户异议解决

【任务目标】

1. 知识目标

1）能叙述客户异议处理的原则。

2）能叙述客户异议处理的基本步骤。

3）能叙述客户异议解决的一般方法。

2. 技能目标

1）能按客户异议处理的基本步骤解决实际问题。

2）能灵活应用各种方法处理客户异议，积累相关的经验。

3. 情感素养目标

1）培养解决客户异议所需的能力及素质。

2）具备解决客户异议的能力。

【任务分析】

当一位购车客户来到汽车经销店，客户提出一系列的异议，你作为汽车销售顾问需要负责接待，你应该如何解决这一系列的异议。

一、处理异议的原则

不管是何种异议，销售人员首先要对异议持正确的态度，这样才可能用正确的方法来处理问题。在具备了良好的心态以后，在处理异议时销售人员要把握以下四大原则。

1. 准确选择处理时机

1）根据顾客的情绪与态度。

2）根据推销进程与发展阶段。

3）根据异议性质及其与推销主题的关联性。

4）根据顾客异议强度与迫切性。

2. 尊重顾客异议

1）不论顾客的异议有无道理和事实依据，销售人员都应以温和的态度和语言表示欢迎。

2）善于倾听顾客的异议，不要轻易打断顾客讲话。

3）在提出对顾客异议的处理意见之前，可以沉思片刻，让顾客感觉到你很重视他的意见并经过了认真考虑。必要时，可以简单概括和重复顾客异议。

3. 不争辩

争辩是销售工作的第一大忌，不管顾客如何批评，我们都不要与顾客争辩，因为争辩不是说服顾客的好方法。顾客的意见无论是对是错、是深刻还是肤浅，销售人员都不能表现出轻视的样子，要双眼正视顾客，面部略带微笑，表现出全神贯注的样子；而且还要常常换位思考，从顾客的角度来处理顾客异议。

4. 集思广益处理

关于异议，特别是产品方面的异议，应建议大家集思广益，从而想出应对办法。

某汽车经销商在某段时间发现，店里的手动变速器低配车库存很大，一天也卖不出去几辆。询问原因，汽车销售顾问纷纷抱怨说，店里只剩下白色的手动变速器低配车了，而顾客却喜欢黑色。

该汽车经销商马上开会，说明近期深色的手动变速器低配车不会马上到货，大家务必把库存的白色手动变速器低配车卖掉。于是，大家集中研究白色的手动变速器低配车有什么优点，然后重点推荐，汽车销售顾问们也开始纷纷献计，商讨尽快卖掉白色的手动变速器低配车的方法。

“白色车干净整洁，使人感觉轻松、明亮、大方。”

“该款白色车前部进气格栅比较霸气，显得很有品位，且时尚高雅。”

“黑色车沉闷、老土，加上现在是冬天，给人以压抑的感觉。”

“现在流行白色车，白色车我们一天能卖掉好几辆，黑色车买的人少，所以您看，我们不卖黑色的了，全是白色的！”

结果可想而知，白色车在汽车销售顾问的重点密集推荐下，很快便销售一空。

二、处理异议的基本步骤

处理客户异议应遵循一定的基本步骤。

1. 认真倾听

没有经验的销售顾问在碰到客户异议时，很容易紧张，一紧张就没有办法认真倾听客户的表述，而是急于辩解，从而引起客户的不满，使得客户扬长而去。通过倾听，销售顾问可以发现客户存在的异议是否是真实存在的问题，并及时做出相应的处理办法。

2. 对客户异议表示理解

有一点需要强调一下，对客户的异议表示理解仅仅是对客户提出的反对意见表示理解，而并非同意。客户提出异议是合情合理的事，解决客户异议前，销售顾问必须站在对方考虑问题的立场上理解他们，但很多情况下并不表示赞同。其目的主要是为了减少双方矛盾对立，销售顾问需要争取赢得客户感情上的认同。

3. 重复并澄清客户异议

重复叙述客户异议表明销售顾问认真倾听了客户的表述，而澄清客户异议能让客户重新审视自己的观点，从而鼓励客户从其他方面来认识这个问题，又巧妙地避免了对异议的肯定或者否定。

4. 回应客户异议

既然客户提出异议，就表明有合作的机会，所以销售人员一定要把握机会，反复思考斟酌，来解决客户的问题，打消客户的疑虑及不安，给客户提供满意的服务，尽量让客户无刺可挑。

三、处理异议的一般方法

了解了对顾客异议的认识、处理异议的心态和原则，掌握了基本的步骤，我们还要有好的方法。接下来具体提供一些处理顾客异议的方法。

1. 忽视法

所谓“忽视法”，顾名思义，就是当客户提出的一些反对意见，并不是真的想要获得解决时，这些意见和眼前的交易并没有直接关系，你只要面带笑容地同意他就好了。忽视法解决争议如图 6-3-1 所示。

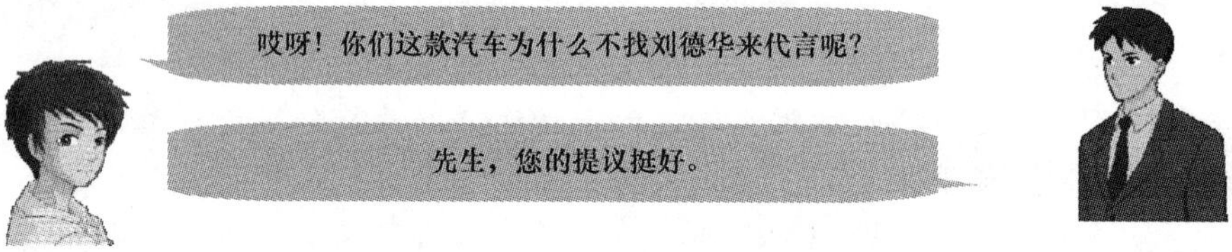

图 6-3-1 忽视法解决争议

2. 否认法

所谓“否认法”，也叫“迂回否定法”，就是指在客户提出异议后，先给予肯定，然后再说出自己的观点或意见，以避免和客户发生正面冲突。

人有一个通性，就是不管有理没理，当自己的意见被别人直接反驳时，内心总是不痛快的，甚至会被激怒，尤其是遭到一位素昧平生的销售人员当面反驳的时候。所以，屡次正面反驳客户，就算你说得都对，也没有恶意，还是会引起客户的反感。

因此，要学会用“是的……如果……”法。否认法解决争议如图 6-3-2 所示。

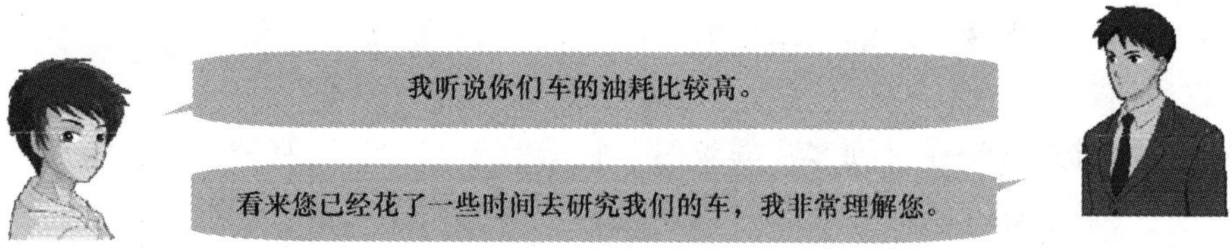

图 6-3-2 否认法解决争议

3. 补偿法

所谓“补偿法”，就是指当客户提出的异议有事实依据时，你应该承认并欣然接受，但要记得，你要给客户一些补偿，比如寻找产品的其他优点来补偿、抵消产品的缺点，引导客户从产品的其他优势方面来考虑问题，让他取得心理的平衡。所以也称“转移法”。补偿法解决争议如图 6-3-3 所示。

4. 转化法

所谓“转化法”，就是指把缺点转化为优点，利用顾客的反对意见自身来处理。顾客的反对意见是有双重属性的，它既是交易的障碍，同时又是一次交易机会。我们要学会利用其

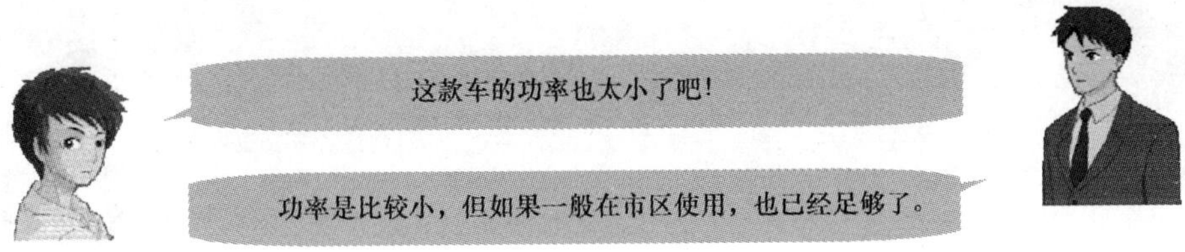

图 6-3-3 补偿法解决争议

积极因素去抵消其消极因素。转化法解决争议如图 6-3-4 所示。

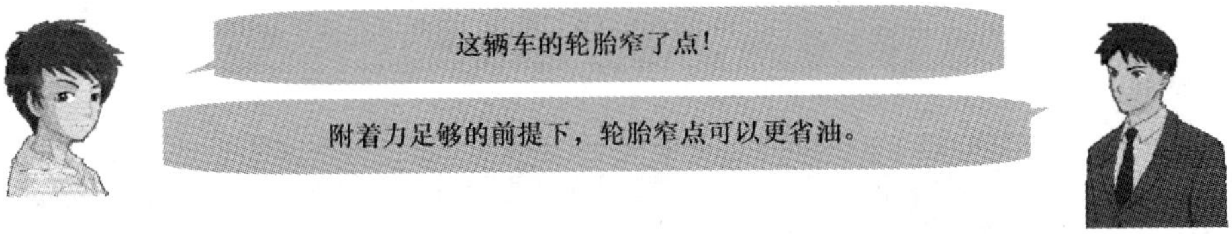

图 6-3-4 转化法解决争议

5. 询问法

所谓“询问法”，就是指在客户提出异议后，先通过询问的方式，以捕捉客户的真正异议，然后再化解客户的异议。询问法解决争议如图 6-3-5 所示。

客户经常会提出一些诸如“我再考虑一下”“我得和家人商量一下”之类的异议。对于这些异议，就适用于运用询问法有效地去解决。询问法解决异议如图 6-3-5 所示。

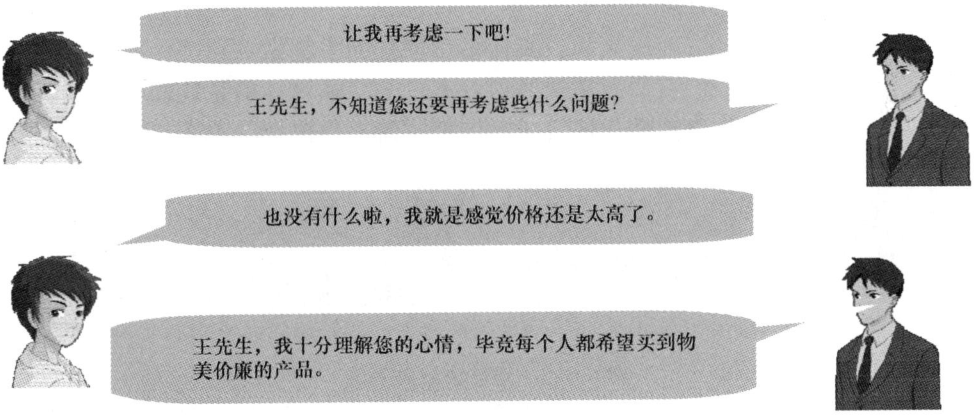

图 6-3-5 询问法解决争议

可以看出，如果没有询问，销售顾问肯定不知道客户要考虑的是价格方面的问题。

6. 预防法

所谓“预防”，就是指在客户很可能提出相关的异议前，由你先于客户将异议提出来，主动消除客户的疑虑，做到防患于未然。预防法解决争议如图 6-3-6 所示。

7. 解释法

当顾客提出的异议是一个疑惑，这个时候你可以采用解释法。解释法的原则是四个字：“因为……所以……”。记住，解释法的要点是不先给出答案（即使是肯定的），解释后再给

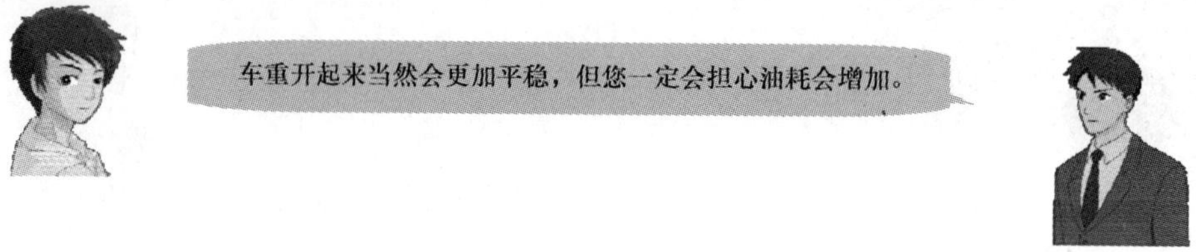

图 6-3-6　预防法解决争议

答案，这样显得你很专业，顾客才容易信任你，从而接受你的答案。解释法解决争议如图 6-3-7 所示。

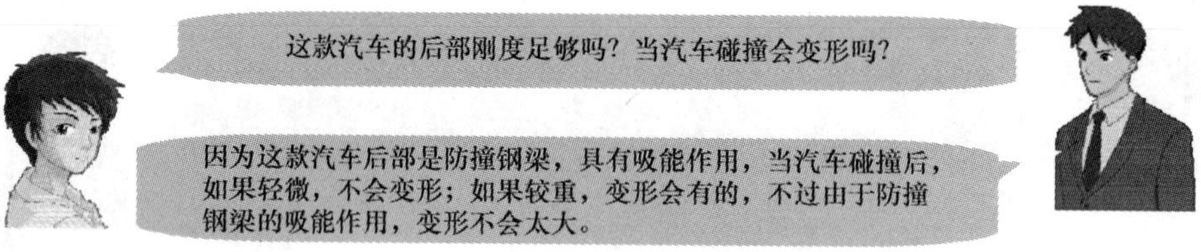

图 6-3-7　解释法解决争议

而通常我们的销售顾问一般会直接回答："您放心，不会的"，相比就缺乏说服力。在运用这一方法的时候，关键是你一定要在相关知识方面准备充分，如熟知产品的材质、工艺、环保等级等方面的知识，即具有专业化的知识或技能。

8. 道歉法

这一方法可以说是万能的，对所有异议、所有顾客都适用。说一句"对不起，非常抱歉"，异议就等于消除了一大半。

作为销售顾问，由于各方面的原因，我们不可能任何事都做到完美无缺，总有疏忽或无法控制的地方，这就需要我们有勇敢承认错误的态度。在顾客面前承认错误会得到顾客的体谅，这样，再大的异议都可以感情化地解决。解释法解决争议如图 6-3-8 所示。

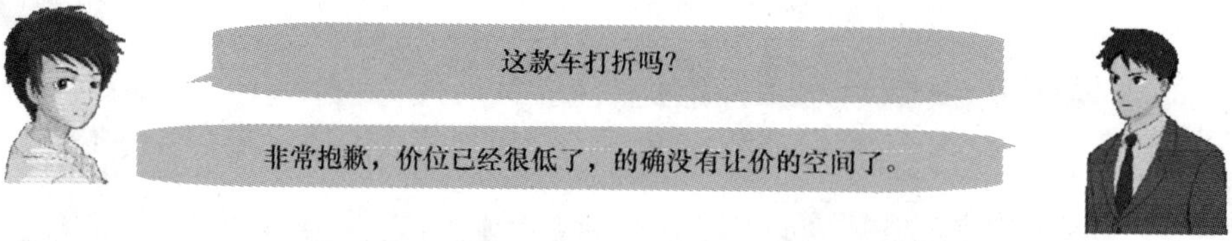

图 6-3-8　道歉法解决争议

四、一些异议处理的典型错误

下面是一些异议处理的常见说法，简述如下。

1. 直接反驳

汽车销售顾问常犯这样的错误："不""你说的那款汽车……，那是不正确的""我闻所未闻这款车……"。

2. 无端指责

汽车销售顾问常犯这样的错误："您应该更仔细地阅读用户手册""如果您是内行，您就应该知道……"。

3. 自我狡辩

汽车销售顾问常犯这样的错误："我无能为力""我已经说得够清楚的了"。

4. 盲目同意

汽车销售顾问常犯这样的错误："您的观点完全正确""对于你的购车价格折扣问题，我非常同意"。

5. 轻视

汽车销售顾问常犯这样的错误："究竟是谁告诉您的""我不晓得你从哪听来这些"。

五、价格异议

顾客在购车时，价格往往是他们最关心的要素之一，也是促进成交的最后一道卡。因价格引起的异议是最常见的，它几乎出现在每一次的价格异议谈判中。

1. 价格异议的原则

（1）非谈不可才谈

汽车属于价值高昂的商品，价格是品牌价值的体现，原则上没必要讨价还价。但如果你是卖方，通常只有当对方迫切需要而你又有足够的让利空间时，再与他商淡价格。

（2）心平气和地谈

双方要有充分的回旋余地。是双方观点的交锋而不是双方人员的冲突。诚心诚意地探讨解决问题的共同途径。

（3）速战速决

讨价还价过程中不可急躁，要表现得从容不迫，充满耐心。但是，我们也不能表现出过于"恋战"的状态，更不要表现得"特别热心"和"强求"。

（4）切勿让客户没有面子

有的汽车销售顾问在客户对产品价格产生异议时，或不满于客户的犹豫，或想以激将法刺激客户，通常会对客户说："这个不算贵，还有更贵的。"

殊不知，这句话严重伤害了客户的自尊，在客户听来是对他消费能力的怀疑。

2. 价格异议处理的步骤

（1）出价

出价分为两个方面。

一是卖方出价，一般的汽车销售都有一个报价。

二是买方出价。当我们确定客户非常喜欢某款车型，并且该车也符合他的要求，而他又对报价感到不满时，即可引诱买方出价。

（2）吊价

无论买方第一次出价多少，一定要加以拒绝。如果汽车销售顾问在客户第一次出价就成交的话，客户会认为不但我们所报出的价格太虚假了，而且连他的出价都高了，否则我们不会那么爽快地就答应他的出价。

（3）让价

当我们确定买方在极力争取价格，并且非常喜欢这款车或显得很急迫时，通常可以确定已经到达成交边缘。只要给出适当地让价，客户就会马上成交。此时，如果价格在我们可接受的范围之内，我们可以给客户适当地让价，以促成交易的马上达成。

3. 妥善处理价格异议的技巧

（1）迟缓应对

价格是销售的最后一关，支付能力与支付意愿之间是有差异的。在购买意愿没有形成之前，谈论价格是没有意义的。也就是说，没有购买欲望，就没有价格谈判的必要。迟缓应对解决争议如图 6-3-9 所示。

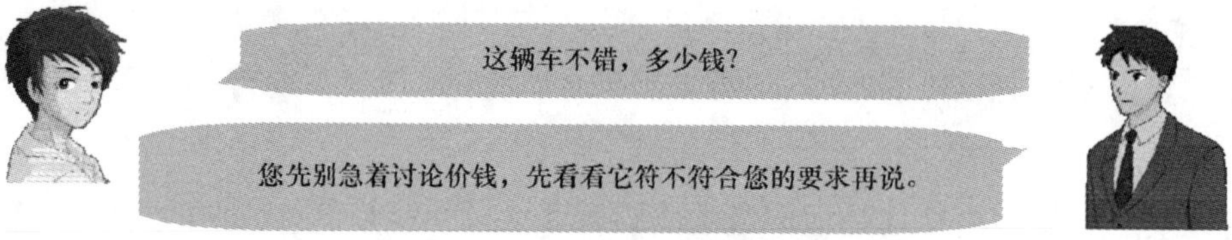

图 6-3-9　迟缓应对解决争议

（2）说理比较

如果没有明确购车技术细节，没有对比的概念，讨论价格是没有意义的。也就是说，没有购买欲望，就没有价格谈判的必要。应用说理比较应对解决争议，如图 6-3-10 所示。

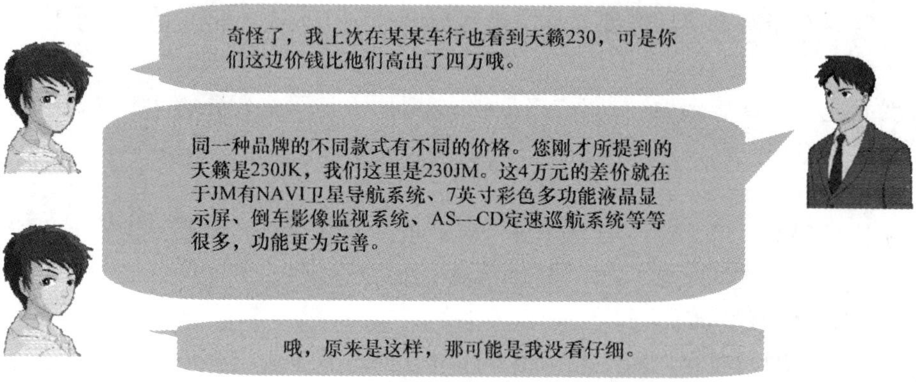

图 6-3-10　应用说理比较应对解决争议

（3）价格分摊

销售顾问可以给客户算一算，把很大的一个数目分摊到每一个细化的单位当中，这样，尽管价格总数没有变，也不会让客户觉得很突兀。价格分摊解决争议如图 6-3-11 所示。

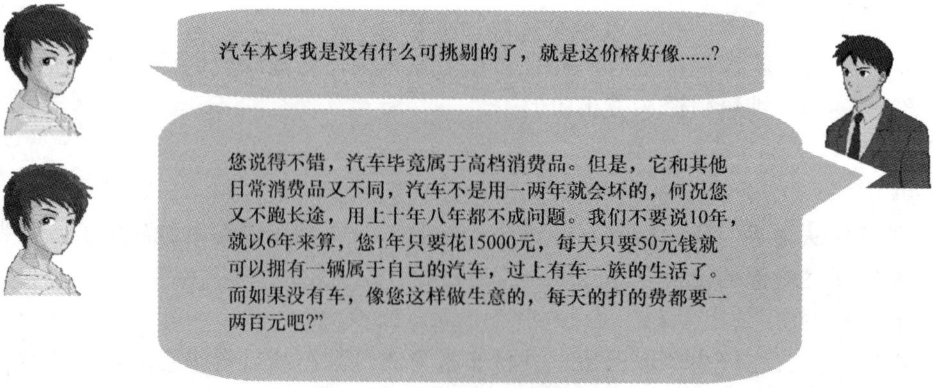

图 6-3-11　价格分摊解决争议

（4）感情攻心

“攻心”，目的是让客户感觉到我们确实是在为他着想，为他争取最大的利益，而我们在让价上的确比较为难，这样他一般也是能够理解的。感情攻心应对解决争议如图 6-3-12 所示。

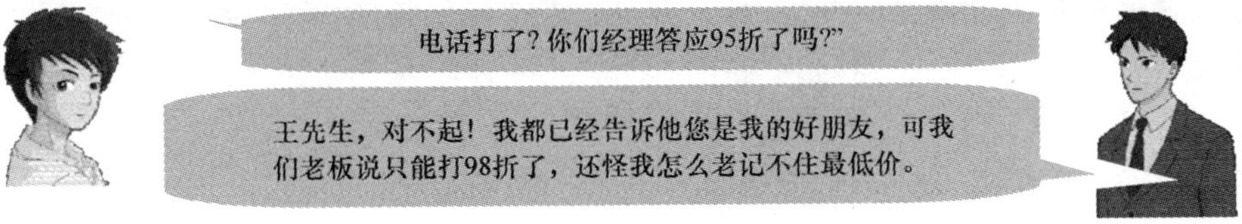

图 6-3-12　感情攻心应对解决争议

（5）价格隔离

当客户提到这个价格他不能接受或者他不愿意支付的时候，你要学会让客户明白产品的价值要远远超越价格，让他了解到价格与价值之间还有一定的差异性。价格隔离应对解决争议如图 6-3-13 所示。

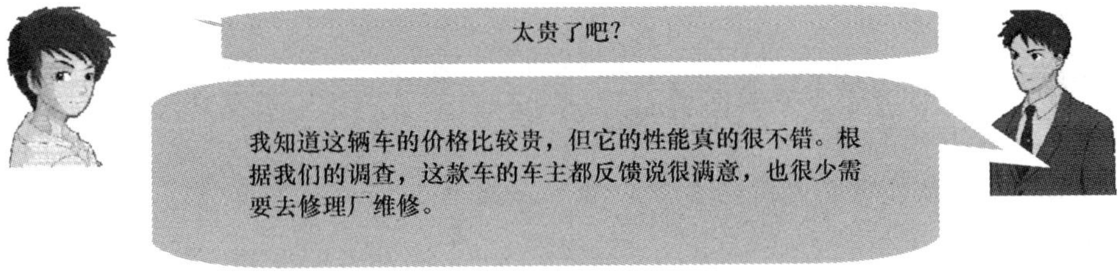

图 6-3-13　价格隔离应对解决争议

4. 一些错误的价格异议处理案例

（1）这样的价格还嫌贵

面对客户提出的价格异议，很多汽车销售顾问会随口而出“这样的价格还嫌贵”“这已经是很便宜的了”等。

这种回答是与客户对抗的表现，它的潜台词就是“嫌贵你就别买，我并不强迫你买”。如果汽车销售顾问本来就是带着情绪说出这句话来，客户还可能理解成“买得起就买，买不起就别在这里啰嗦”。

（2）你到底想不想要

和这句话同样错误的说法还有：“多少钱你要？说个价！”这种话在小商摊上听到得最多，也是客户最不想听到的。因为这种话正好验证了客户的一种担心：这里的东西没有明码标价，不知道水分有多少。于是客户心想，还是货比三家多问问行情为好，免得上当。

（3）我们这里从来不打折

“我们这里从不打折”这个回答太直接和死板了。客户本来想得到一些优惠，没想到话刚出口就“被泼了盆凉水”，被对方打了回来。

六、技能训练

作为汽车销售顾问，遇到客户提出异议“你们的汽车售后服务怎么样?”的时候，以下是一位销售顾问的处理异议的方法，你认为恰当吗？试分析且给出较合理的处理方法。

顾客：你们的售后服务怎么样？

汽车销售顾问：您放心，我们的售后服务绝对一流。我们公司多次被评为“消费者信得过”企业，我们的售后服务体系通过了ISO9000的认证，我们公司的服务宗旨是顾客至上。

顾客：是吗？我的意思是说，假如它出现质量问题等情况怎么办？

汽车销售顾问：我知道了，您是担心万一出了问题怎么办？您尽管放心，我们的服务承诺是一天之内无条件退车，一周之内无条件换车，一月之内无偿保修车辆。

顾客：是吗？

汽车销售顾问：那当然，我们可是大厂车型，您放心吧。

顾客：那好吧。我知道了，我考虑考虑再说吧。谢谢你，再见。

汽车销售顾问：唔……

【参考答案】

案例分析：表面上看，这个销售人员对顾客提出问题的解释应该说是翔实全面，而且几乎是脱口而出，抢先回答了顾客的问题。在这样的对话结束后，他甚至会有一种强烈的成就感，觉得自己在异议化解的学习中所付出的努力没有白费，终于找到了用武之地；同时，也可能为自己能够在顾客面前展示敏锐的智慧而欣慰不已。

但为什么顾客最终仍然没有兴趣继续话题呢？主要原因是该销售顾客将对话的焦点放在自己身上而不是顾客身上。一方面，在没有弄清楚顾客问题的真相时（甚至有时候顾客的异议是假的），就给出了自以为是的答案，顾客没有感觉到应有的尊重，认为销售顾问回答得不够严谨。

心理学研究表明，人们希望自己提出的问题得到回答者认真的确认，确认问题的过程可以体现回答者的重视程度。另一方面，人们在提问时确实会出现省略掉一些背景描述、隐藏提问真实动机的情况，这样本身就容易造成回答者对异议理解上的偏差。为了避免给提问者留下轻率给出答案的印象，最好的做法就是通过正确的提问了解提问者的真实动机，然后再给予回复。

事实证明，对顾客异议的正确理解甚至比提供正确的解决方案更重要，至少，针对顾客异议的提问表达了对顾客的关心与尊重。

同样的案例如果采取以下的应对则较为合理。

顾客：你们的售后服务怎么样？

汽车销售顾问：王先生，我很理解您对售后服务的关心，毕竟这可不是一次小的决策，那么，您所指的售后服务是哪些方面呢？

顾客：是这样，我以前买过类似的产品，但用了一段时间后就开始漏油，后来到厂家去修，修好后过了一个月又漏油，再去修了以后，对方说要收5000元修理费，我跟他们理论，他们还是不愿意承担这部分的费用，我没办法，只好自认倒霉。不知道你们在这方面是怎么做的？

汽车销售顾问：王先生，您真的很坦诚，除了关心这些还有其他方面吗？

顾客：没有了，主要就是这个。

汽车销售顾问：那好，王先生，我很理解您对这方面的关心，确实也有顾客问到过同样的问题。我们公司的产品采用的是标准的加强型油路设计，这种设计具有极好的密封性，即使在±50℃，或者润滑系统失灵20h的情况下也不会出现油路损坏，所以漏油的概率极小。当然，任何事情都有万一，如果真的出现了漏油情况，您也不用担心，我们的售后服务承诺是，从您购买之日起1年内免费保修，同时提供24h的主动上门服务。您觉得怎么样？

顾客：那好，我放心了。

显然，同样的问题得到了完全不同的回答，而顾客对后一种回答非常满意。这两个案例的区别不在于答案的不同，而在于后一个门店汽车销售顾问采用了提问的方式，这种方式给予了顾客一种被尊重的感觉，同时也协助顾客找到了问题的真实动机，合理地运用了自己的专业知识，从而轻松化解了顾客的问题，给顾客信服感。

课后练习题

1. 处理异议的四项原则是什么？
2. 处理异议的基本步骤是什么？
3. 处理异议的一般方法有哪些？
4. 价格异议处理的步骤有哪些？
5. 有的汽车销售顾问由于对购车客户的询问，不胜其烦说“我们这里从不打折”。分析这样的语句是否合适，应该如何表达？

任务四 汽车销售促进

【任务目标】

1. 知识目标

1）能叙述客户的购买动机。

2）能叙述客户的成交时机。

3）能叙述汽车销售促成的一般技巧。

2. 技能目标

1）能分析客户的购买动机。

2）能判断客户的成交时机。

3）能灵活应用各种技巧促成汽车销售，积累相关的经验。

3. 情感素养目标

1）培养解决促进汽车销售所需的能力及素质。

2）具备对汽车销售各种问题及时应对的能力。

【任务分析】

当一个购车客户来到汽车经销店，经过一系列的异议谈判之后，你如何准确地抓住顾客的购买动机和成交时机，并采取一定的技巧，适时地给予强烈的刺激，达成最终的成交。

一、购车顾客的购买动机及成交时机

1. 顾客的购买动机

购车顾客为什么要买汽车？作为汽车销售顾问，应当深刻了解购车顾客的购买动机。

（1）想得到快乐

现在新的购车者，购买汽车主要是为了获得新的驾驶乐趣，提升自我的生活半径，改善

居家生活。

（2）想满足自尊心

一部分新的购车者，通过购买汽车作为对自己工作的认同，满足自己实现自我价值的需要，满足自尊心的需求。

（3）有模仿心和竞争心

也有一部分新的购车者，是在周围同事的推荐下购买的。由于周围条件相同的同事均购买了汽车，需要通过购买汽车，使自己在本单位或者生活圈子里有“脸面”，以满足自我产生的模仿心和竞争心的需求。

（4）有表现欲和占有欲

有的购车者，希望通过购买豪华车型，满足自己的表现欲和占有欲。

（5）冲动

有的购车者，由于汽车限购或者一时兴起，迅速地完成购车行为。

因此，汽车销售顾问应仔细了解购车顾客的动机，这样才能有针对性地进行营销活动，完成汽车销售工作。

2. 顾客的成交信号

在很多时候，汽车销售由于没能准确把握成交的时机而最终与成交无缘；同时，还有一部分汽车销售顾问不注意与顾客成交时的一些细节，顾客最终放弃成交。那么，如何避免这种情况的发生呢?

（1）成交信号

在成交时机成熟的时候，购车顾客没有其他的意见，会产生一些外在性的成交信号，会有以下表现。

1）顾客不断点头表示认同。

2）顾客开始询问购买意见。

3）顾客谈到有人买过该车时。

4）顾客开始谈价格与付款方式。

5）顾客话题集中在某个商品上。

6）顾客征求同伴的意见时（说明其对产品有兴趣，也说明有疑虑）。

7）顾客进行沉思，认真阅读车型资料。

以上都是顾客想买的情形，汽车销售顾问一定要把握良机，主动尝试成交。

（2）注意事项

在购车顾客需要购买时，汽车销售顾问应该注意下列事项。

1）成交时尽量不要提“钱”字。汽车销售顾问要明白一点，那就是给顾客提供的是服务，是在推销自己，顾客的购车成交就是对汽车销售门店服务的最终满意，尽量不要提“钱”字。

2）成交尽量不要提“买”字。汽车销售顾问提供给顾客的是最真诚的服务，而不仅仅是买卖，成交的时候应有这样一种感觉：自己又为顾客提供了一套让他乐意接受的最优产品方案。

3）成交时永远不要问顾客“要不要”。很多汽车销售顾问会出现这样一个错误，就是在快要成交的时候问顾客“要不要”。如果这样问，就有可能动摇了顾客的购买决定，所以要记住永远不问这个问题，要做到快速成交。

4）成交时不要聊天。在与顾客成交的时候，一定要做到慎重、严肃、认真，不要嘻嘻哈哈，玩手机，否则会给顾客不好的感觉。

二、汽车销售促成的技巧

在汽车销售中，应该注意一些小的技巧。

1. 推定承诺法

假定购车客户决定购买，此时不必征询准客户的意见，巧妙运用发问技巧，帮助客户促成交易。

举例：

“您的打款账号也是工行吧？”

“麻烦您把身份证给我一下，我帮您复印备案，然后填写一些资料”。

“没问题，那我就帮您下单了。”

2. 二选一法

让准客户从“要么这样，要么那样”两个正面的回答中选择，而不是给你否定的答案，这往往是非常奏效的。

举例：

“请问您是一次性付款还是分期付款呢？”

“选精英版还是豪华版呢？”

3. 激将法

利用准客户的从众和自尊心理，使用适当的激励话术，激起准客户的购买决心。

举例：

“在您之前有位客户也是自己做生意，年龄和家庭情况和您相仿，就在今天早上已经订了这款车了，以您现在的情况应该也没有问题吧，我觉得您应该是一个非常明智的人，相信我，您的选择不会错的！”

4. 利益驱动法

以准客户的利益为说明点，放大问题和利益的反差，让准客户产生购买意识和行为。

举例：

“根据您之前提供的想法和预算，无论从经济角度、安全角度还是汽车性能来讲，这款车就像给您量身定做的一样，非常适合，您就别犹豫了。”

5. 立刻行动法

当准客户总是犹豫不决时，帮助客户找到购买的理由，或有意营造一种紧张和危机感，迫使和促成准客户快速做出购买决定。

举例：

“像今天这样的促销活动是非常难得的，厂家已经做出了很大的让利，如此高配的车型，这个价位以后绝对买不到了，立刻购买才是明智的选择哦。”

一般来说，准客户不是每次发出购买信号后就一定签单，一次失败并不表示促成无望，要尝试多次促成。据统计，一次销售至少需要五次促成，前两次大多是无意识的假拒绝。

【典型案例】

汽车销售顾问：李小姐，今天是您第五次来店，加上前几次的了解，想必对您要购买的品牌和车型有了一个完整的概念了吧？

客户：没错，通过你们的介绍和其他品牌店的介绍，虽然是初次购车，我已经有了一个大概的认识了。

汽车销售顾问：好，我们讨论一下您要买的车是什么样的？

客户：好的。

汽车销售顾问：如果我没有记错的话，您首先考虑的是外形，要符合您的职业特点，对吧？

客户：是的。

汽车销售顾问：从安全的角度看，四气囊的配置是最低的要求，应该不会错吧？

客户：是的。

汽车销售顾问：从内饰来看，真皮转向盘、带卫星导航的 6 碟 DVD、8 喇叭音响系统、真皮的可十向调整的座椅也是必需的选择。没错吧？

客户：嗯，没错。

汽车销售顾问：我总结一下，那就是我们推荐的这款车最符合您的要求。对吧？

客户：对。

汽车销售顾问：那好吧，既然这款车您这么中意，只要您把这份合同签了，这部车就是您的了。（边说边把已经事先准备好的合同递到客户面前，让客户在一连串的“ok”后签下合同。）

三、汽车销售促成后的结束动作

经过漫长、艰难的购车流程，当购车顾客明确表示需要购买汽车时，此时汽车销售顾问可给予客户安心感，并祝贺客户，并告知提车和上牌等的时间、方式及基本流程，表明日后将提供出色的售后服务，并提醒购车顾客当自己不在店时，可以寻求其他购车顾问的服务。等到一系列的过程完毕后，再向客户道别。

课后练习题

1. 顾客的购买动机是什么？
2. 顾客的成交信号是什么？
3. 汽车销售促成的技巧有哪些？
4. 当准客户总是犹豫不决时，汽车销售顾问的应对策略是什么？
5. 汽车销售促成后的结束动作有哪些？

学习情景七 新车承保与按揭

任务一 新车承保

【任务目标】

1. 知识目标

1）能叙述汽车保险的各个险种。

2）能叙述汽车保险基本内容。

2. 技能目标

1）能够根据车主的实际情况，为车主选择合适的保险险种组合。

2）指导顾客填写汽车保险投保文件。

3. 情感素养目标

1）培养处理新车承保所需的能力及素质。

2）具备对新车承保的一些问题及时应变的能力。

【任务分析】

前段时间，深圳的吴先生正式淘汰了旧车，换了一辆30万元左右的新车。听朋友说，这次买车险可不能和他原来8万元的车一样，车价的不同、驾龄的长短在险种和保额的选择上都有讲究。可是，吴先生本人却对此一筹莫展。那么，新车买什么保险合适呢？

一、车险的购买方式

购买汽车保险的方式、方法很多，下面介绍常见的几种。

1. 电话投保

电话投保是目前最为流行的投保方式，也是保险公司主推的投保方式之一。

（1）优势

电话投保最大的优势就是费用低、方便，省去不少中间环节，打个电话就可以进行询价、付款、出单，而且会有工作人员上门服务，赠送的小礼物也很有用，深受很多车主的喜爱。

（2）劣势

车主在投保前需要对保险险种有一定的了解，不能盲目投保。电话车险在保险理赔时需要自己到定损中心定损，直赔网点较少。并非所有保险公司都开通电话投保。

（3）价格

电话投保的价格比正常的商业险价格优惠15%。

2. 网上投保

车主可以通过登录各保险公司的官方网站直接投保自己想要的保险项目，并在线上询价及支付费用。

（1）优势

网上投保的承保险种、条款等内容清楚，一目了然。同时，网上投保费率优惠幅度较大。投保后有专人把保单亲自送到您的手中。

（2）劣势

网上投保的劣势同电话投保类似，需要车主本人到定损中心定损，直赔网点较少。投保时要小心，不要误入钓鱼网站。并非所有保险公司都开通网上投保业务。

（3）价格

网上投保的价格比正常的商业险优惠15%。

3. 4S店投保

车主可以通过4S店直接购买车险。

（1）优势

在4S店投保的最大好处就是方便，而且有专人为你提供服务。如果车辆一旦出险需要维修，把车放在4S店就行了，可以在店里享受保险直赔服务。

（2）劣势

虽说保费都有一些优惠，但总体算下来还是要比电话投保和网上投保略高一点儿。对于承保公司的选择余地较小，比如：你只想上人保的，但4S有可能不和人保合作，会给你推荐其他保险公司。

（3）价格

4S店投保的保费优惠幅度各店不统一，有中间环节，比电话投保或网上投保略高。

4. 保险代理投保

保险代理投保是前几年比较流行的一种投保方式，即将相关资料交予保险代理人，由其代为购买。不过，随着近些年电话投保和网上投保的推广和普及，对这种投保方式的冲击很大，那些保险代理公司的日子越来越不好过。

（1）优势

保险代理公司一般可代理多家保险公司的产品，方便货比三家，车主可以多方位比较后予以选择。并且有专人为您提供服务。

（2）劣势

保险代理机构的入门门槛较低，服务质量参差不齐，鱼龙混杂，所以车主一定要睁大双眼，小心谨慎，最好选择有熟人介绍的保险代理机构。车主需对车险行业和保险理赔知识有一定的了解。

（3）价格

保险代办人员可以帮你推荐当时优惠幅度最大的保险产品，价格上有一定的优势，但需要参考保险公司当时的优惠幅度及点位。

5. 柜台投保

柜台投保是传统的投保方式，车主需携带证件、手续到保险公司的营业厅柜台购买保险。

（1）优势

柜台投保最为稳妥可靠，车主可放心购买。如果车主准备的手续齐全，就可以当场办理完成。

（2）劣势

柜台投保手续比较烦琐，不仅需要车主携带各种证件，还得亲自跑腿，赶上人多时还得排队，从而浪费不少时间和精力。

（3）价格

柜台投保的价格优惠幅度小。

二、汽车保险的各个险种

1. 交强险

（1）什么是交强险

交强险是我国法律规定每一个车主均需强制购买的保险。它有效保证了车辆在发生交通事故时，有最基本的保险理赔。尤其对于一些除了车，家中一贫如洗的车主来说。一旦出了交通事故，交强险就能代替他完成难以支付的经济赔偿。

如未按规定购买交强险，公安机关交通管理部门有权扣留机动车，并处应缴纳的保险费的2倍罚款。具体情况如图7-1-1所示。

图7-1-1　车主需要购买交强险

（2）为什么要买交强险

购买交强险后，会给车主颁发一个交通强制保险标志，并且该标志还需要粘贴到车的前风窗玻璃上，如图7-1-2所示。如果未按要求粘贴，交警可以对车主做出扣1分、罚款200元的处罚。

（3）买交强险要多少钱

交强险的保险费用根据车辆座位数全国执行统一价格，6座以下新车一年950元，6座以上1100元。具体情况如图7-1-3所示。

如果在投保期间没有出任何事故保险，则第二年续保时按基准保费下浮10%，最低可下浮30%。不过，如果发生事故较多，来年保费则会上浮，最高可上浮30%，甚至受到保

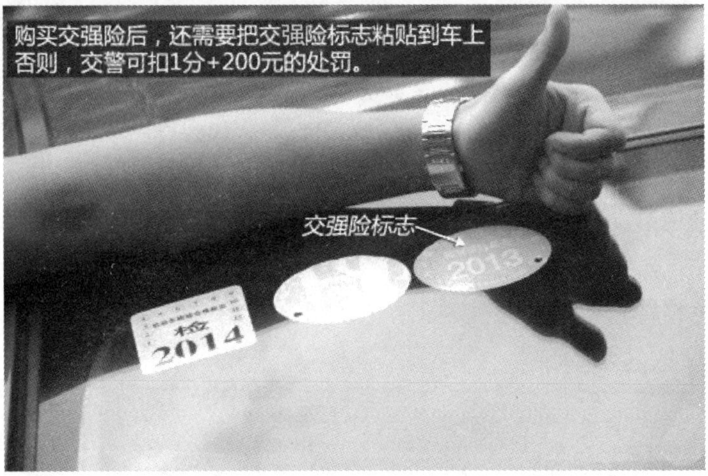

图 7-1-2　车主需要将交强险标志粘贴到车的前风窗玻璃上

图 7-1-3　交强险的保险费用

险公司拒保对待。

（4）交强险有哪些情况不赔

交强险并不是针对所有事故都赔偿的，像故意制造的事故、酒后驾驶以及车辆被盗期间造成的车辆损伤，保险都是不赔的，如图 7-1-4 所示。

（5）交强险的赔偿范围是什么

交强险的赔偿金额受是否有责任、是否造成人员伤亡影响。一般的车辆损伤，有责任的情况下最高赔偿 2000 元，无责任情况下则是 100 元。

如果造成了人员伤亡，有责任情况下医疗费最高赔偿 1 万元，死亡最高赔偿 11 万元。无责任情况下医疗费最高赔偿 1000 元，死亡赔偿 11000 元。具体计算金额如图 7-1-5 所示。

2. 车损险

（1）什么是车损险

车损险指被保险人或其允许的驾驶人在驾驶保险车辆时发生保险事故，造成保险车辆受损，保险公司在合理范围内予以赔偿，如图 7-1-6 所示。

图 7-1-4 交强险的免赔付

图 7-1-5 交强险的赔偿范围

（2）买车损险要多少钱

车损险的保费和车辆的购置价格、座位数有很大关系。车损险保费 = 基础保费 + 裸车价格 × 费率。而普通家用 5 座车车损险的基础保费是 593 元，费率则是 1.5%。

例如，一辆 5 座家用新车，购车价格（含车船税）是 128000 元，那么它的车损险费用⊖则为 $593 + 128000 \times 1.5\% = 1920$ 元。其计算方法如图 7-1-7 所示。

（3）车损险在什么情况下不赔

车损险只对车体的损坏进行赔偿，但是一些小部件的单独损坏不在赔偿范围之内。例如，后视镜、车灯、玻璃（不包括天窗玻璃）、车漆、车轮（包括轮胎及轮毂）等。

具体小部件的单独损坏免赔付，如图 7-1-8 所示。

⊖ 除交强险外，其他保险的费用计数均是原价。但实际购买过程中，会有一定优惠折扣，而且不同时期、不同保险公司折扣率不同。

图 7-1-6　车损险

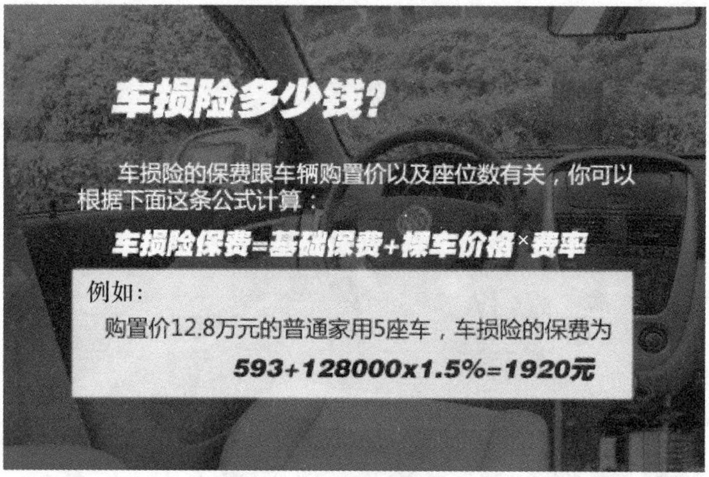

图 7-1-7　车损险费的计算

图 7-1-8　车损险的免赔付（具体小部件的单独损坏）

对于未上牌或者没有拿到临时牌照的新车，发生事故造成的损失也不在车损险的赔偿范围之内。另外，如果发生事故后，找不到肇事人保险公司可以只赔偿损失的 70%。

还需要注意的是，车损险在赔偿的时候，会根据车辆的使用时间进行一定折旧后再赔偿。而汽车的折旧率是每月折旧 0.6%。

3. 第三者责任险

（1）什么是第三者责任险

第三者责任险是指在事故当中，造成除本车驾驶人及乘客之外的其他人人身伤亡或财产直接损毁的，由保险公司按规定进行赔偿。例如，驾车不小心撞到了电动车，电动车的损毁以及电动车驾驶人伤亡的赔偿费用均由保险公司负责，具体情况如图 7-1-9 所示。

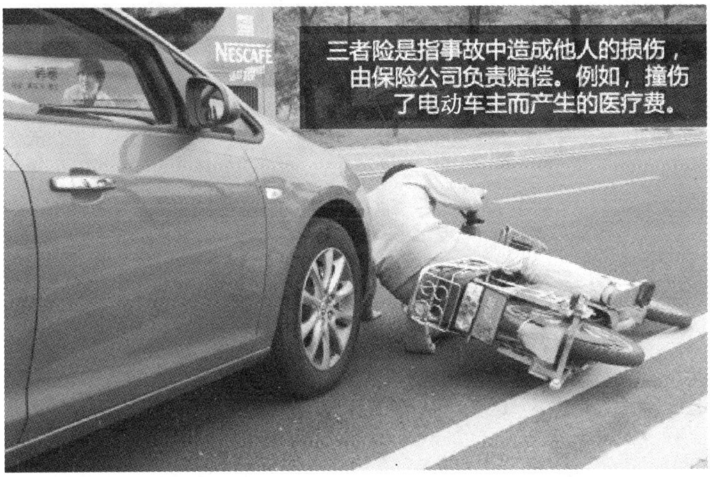

图 7-1-9 第三者责任险

（2）买第三者险要多少钱

第三者险的费用根据你选择的投保等级。一般 5、10、15、20、30、50、100 万元七个档次是主流，当然也可以选择投保 100 万元以上，但最高不能超过 5000 万元。不同等级收取的保费不同，如图 7-1-10 所示。

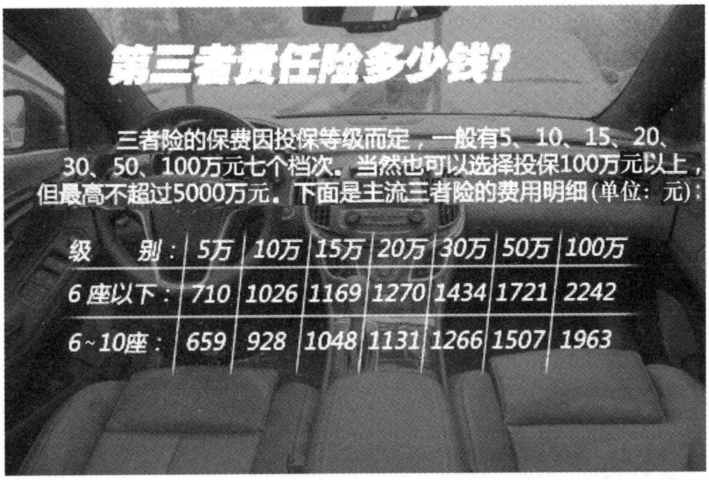

图 7-1-10 购买第三者责任险的价格

以普通的6座以下家庭用车为例，选择5万元的等级，保费则为710元1年。如果选择100万元的等级，则要2234元1年。现在大多数人都选择50万元或者100万元两个等级。

（3）第三者险在什么情况下不赔

第三者责任险的核心，就是只负责赔偿第三者的损失。车上的人，包括驾驶人受伤、死亡，自己车辆以及车里的东西损坏都不赔。另外，如果是自己的车撞了自己的家人、自己的财产，这个险种也不赔。如果驾驶人不是车主，车辆撞了车主的家人或财产，又或者撞了驾驶人的家人或财产，也不赔。总之，就是受害人要跟车主、驾驶人没什么关系，这个保险才赔。这个道理应该清楚。

如图7-1-11所示，自家车撞自家车，第三者责任险不赔付。

图7-1-11　自家车撞自家车，第三者责任险不赔付

第三者责任险免赔范围还包括以下几项。

1）车辆如果超期未年审或者年审未通过时发生事故，第三者责任险不赔。

2）驾驶人的准驾车型不符或者驾照过期发生事故，不赔。

3）驾驶人饮酒、吸食或注射毒品、被药物麻醉后开车，发生事故也不赔。

4）用车辆从事违法活动时发生事故，或者肇事逃逸，不赔。

5）在4S店、维修厂做保养维修时发生事故，不赔。

（4）三者险的赔偿范围是什么

事故中不同的责任，获得的赔偿数额不同。只有在对方全责的情况下，才可以获得全额的赔偿。如果你负全责，保险公司可以有20%的免赔，主要责任则免赔15%，同等责任免赔10%、次要责任免赔5%。

4. 全车盗抢险

（1）什么是全车盗抢险

全车盗抢险是为全车被盗窃、抢劫造成的车辆损失提供赔偿服务的保险服务。如果整车被盗、抢，经县级以上公安刑侦部门立案侦查证实满60～90天而没有下落的，由保险公司直接赔偿。

（2）买盗抢险要多少钱

全车盗抢险保费=（车价－折旧费）×保费费率+固定保费。折旧费是每月6‰，只对二手车或者旧车续保有效，新车则不必理会。保费费率与固定保费则根据车型与使用用途有区别，普通家用5座车盗抢险的基础保费为120元，费率则为0.49%。对于新、旧两种车辆的盗抢险的计算方法如图7-1-12所示。

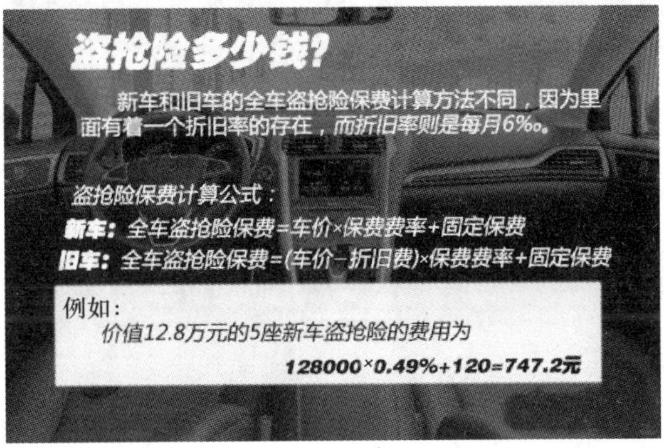

图7-1-12 全车盗抢险的保费计算方法

为了让大家更容易理解，现举两个例子来说明。

［例1］ 一辆128000元的普通家用5座新车，全车盗抢险的保费 = 128000 × 0.49% + 120 = 747.2元。

［例2］ 一辆128000元的普通家用5座车，已经使用2年。那么续保时全车盗抢险的保费 = (128000 − 128000 × 6‰ × 24个月) × 0.49% + 120 = 656.9元。

（3）盗抢险在什么情况下不赔

如果不是全车被盗抢，只是车上的零部件，如轮胎、轮毂、车灯、后视镜等，盗抢险免赔付。另外，如果车辆经过改装，除非对改装部分单独购买新增设备险，否则在全车被盗时按原厂车赔偿，也就是说，改装的新设备的费用是免赔付的，如图7-1-13所示。

图7-1-13 盗抢险对于改装的新设备的费用免赔付

（4）盗抢险的赔偿范围是什么

在发生盗抢事故后，需要提供机动车登记证书、机动车行驶证、购车发票、车辆购置税完税证明来证明车辆的来历以及合法性。缺少任何一样，增加0.5%的绝对免赔率。如果全车被盗，原配车钥匙丢失的再增加5%的绝对免赔率，如图7-1-14所示。

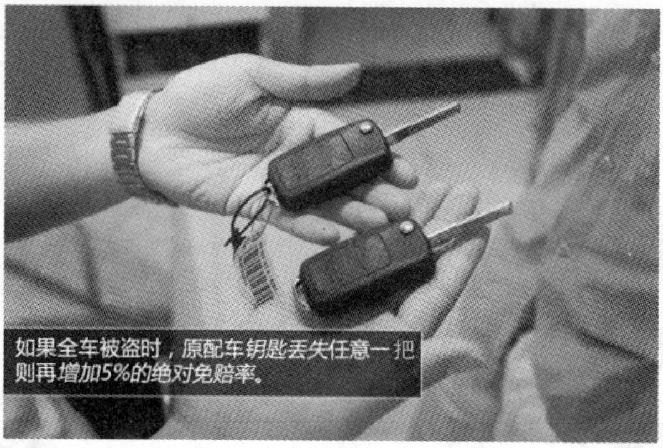

图 7-1-14 原配车钥匙丢失的再增加 5% 的绝对免赔率

5. 不计免赔险

（1）什么是不计免赔险

不计免赔险的全名是不计免赔率特约条款，是附加险的一种。在很多事故的赔偿中，保险公司都可以有 5% ~20% 的免赔率。当车主购买了不计免赔后，则可以让你获得全额的赔偿。

（2）买不计免赔险要多少钱

不计免赔险的费用相当便宜，它的保费 =（车损险 + 三者险）×20%。假如一辆 128000 元的 5 座家用车，买了 50 万元的三者险，则它的不计免赔险的保费为（1920 + 1721）× 20% =728 元。其计算方法如图 7-1-15 所示。

图 7-1-15 不计免赔险的费用计算方法

（3）不计免赔险在什么情况下不赔

购买了不计免赔并不是什么情况下都赔偿的，它也有四种不赔的情况：事故没留证据导致交警无法定责、车停路边被划伤或第三者逃逸、只购买基本险不计免赔险时汽车被盗被抢、频繁出险产生的加扣免赔率。特别注意，全车盗抢险只是附加险，因此，不计免赔险不对全车盗抢险生效，如图 7-1-16 所示。

6. 车上人员责任险

（1）什么是车上人员责任险

车上座位责任险又叫车上人员责任险或车上责任险，是一种车辆商业险主险。负责赔偿

图 7-1-16　不计免赔险不对全车盗抢险生效

保险车辆交通意外造成的本车人员伤亡。

（2）车上人员责任险保什么

车上人员险保障的是车上人员的人身伤亡，分为驾驶人座位和乘客座位。

（3）车上人员险什么情况下需要购买

存在以下任一情况，建议购买：经常开车带上朋友或其他人，建议购买。新手或者经常开车的人，建议购买。

7. 车辆划痕险

开车发生磕磕碰碰是难免的事情，尤其是新车。一般来说，车辆即使出现很细微的划痕，车主也会很心疼，因此建议车主为新车投保划痕险。车辆划痕原因很复杂，往往是特殊人群的习惯动作，如图 7-1-17 所示。购买车辆划痕险的注意事项如下。

图 7-1-17　车辆划痕的产生

1）首先，新车要买划痕险，因为大多数车辆是露天或是在地下停车位停放的，车身很容易被别人或别的车划伤。

2）其次，划痕险保费也不贵，如果车险保了，也不差这么点钱。需要注意的是，不能划一点就理赔，那样会影响第二年的保险优惠。开车难免有刮碰，可以小问题不用动，多了以后再去理赔。所以具体要根据实际情况斟酌考虑。

3）最后，划痕险只有前 3 年的新车能买，因为划痕的出险率是最高的。

三、投保单填写

办理机动车辆保险时，应认真填写投保单。投保单是投保人向保险人申请办理保险的文字依据，也是保险人签发保险单的重要依据，同时还是保险合同的一个组成部分。因此，投保单上的各项内容要逐项填写清楚，如有涂改，须盖章更正。注意事项如下。

1）写清楚投保人的全称。

2）写清楚被保险车辆的厂牌型号。

3）写清楚被保险车辆的牌照号码、发动机号和车架号码。

4）写清楚被保险车辆的使用性质、吨位或座位数目，车辆的使用年限。

5）确定保险价值和保险金额。

6）确定是否投保第三者责任险和其他附加险。

7）确定保险期限。

8）确定是否有特别约定的事项。

某保险公司保单如图 7-1-18 所示。

投保信息预览

PICC 中国人民财产保险股份有限公司
PICC Property and Casualty Company Limited
此信息仅为预览，您交费后会收到正式保单

被保险人						
保险车辆情况	号牌号码		厂牌型号			
	VIN码		车架号		机动车种类	
	发动机号			核定载客　人	已使用年限　年	核定载质量　千克
	初次登记日期	年　月	年平均行驶里程　公里		使用性质	
	行驶区域	中华人民共和国境内(不含港澳台)			新车购置价	元

	承保险种	保险金额/责任限额（元）	保险费（元）
商业险			
机动车交通事故责任强制保险		122000.0	
代收车船税		缴费有效期间	总缴金额
		20 - - 至20 - -	

合计应缴费用（人民币大写）：叁仟叁佰玖拾玖元伍角肆分（￥：　元）	
保险期间自 20　年　月　日 零时起至 20　年　月　日 二十四时止	
保险合同争议解决方式	诉讼

保险人	公司名称：中国人民财产保险股份有限公司海宁支公司电话销售部	联系电话：95518/4001234567
	公司地址：	网址：www.epicc.com.cn
	邮政编码：	手机wap网站：wap.epicc.cn
	签单日期：20　年　月　日　（保险人签章）	

图 7-1-18　某保险公司保单

课后练习题

1. 购买汽车保险的方式有哪些?
2. 交强险的保费计算方法、赔偿范围各是什么?
3. 车损险的保费计算方法、赔偿范围各是什么?
4. 第三者责任险的保费计算方法、赔偿范围各是什么?
5. 全车盗抢险的保费计算方法、赔偿范围各是什么?
6. 不计免赔险的保费计算方法、赔偿范围各是什么?
7. 车上人员责任险的保费计算方法、赔偿范围各是什么?

任务二 新车按揭

【任务目标】

1. 知识目标

1）能叙述新车按揭种类、贷款的含义与特征。

2）能叙述新车按揭贷款的程序。

2. 技能目标

1）能阐述汽车按揭业务的优点、推广汽车消费贷款业务。

2）能对客户解释汽车按揭两种主要模式的区别。

3. 情感素养目标

1）培养处理新车按揭所需的能力及素质。

2）具备对新车按揭的一些问题及时应变的能力。

【任务分析】

大学讲师小戴带着漂亮的爱人第三次来到了这家大众汽车4S店，他们看中了一款新车，这次是想咨询一下是否可以贷款买车？贷款的具体情况怎样？分几种方式？

一、汽车消费信贷基础知识

1. 汽车消费贷款

汽车消费贷款是指银行对在其特约经销商处购买汽车的借款人发放的人民币担保贷款，又称汽车消费信贷履约保证保险、汽车消费贷款保证保险。

汽车消费贷款是为贷款买车者提供的一种责任保险，是指购车人在向银行申请汽车贷款时，除将所购之车作为抵押物外，还向保险公司申请购买车贷保证保险。保险公司在其中起到担保人的角色，如借款人不能按约定还款，由保险公司向发放贷款的银行承担赔付责任。

2. 借款人必须具备的基本条件

汽车销售顾问需详细了解购车顾客的相关信息，明确作为个人或法人是否具有购车贷款的可行性。

1）个人。年满18周岁具有完全民事行为能力，在中国境内有固定住所的中国公民；具有稳定的职业和经济收入，能保证按期偿还贷款本息；在贷款银行开立储蓄存款户，并存入不少于规定数额的购车首期款；能为购车贷款提供贷款银行认可的担保措施；若为“间客式”贷款，还需持有与特约经销商签订的购车协议或购车合同；愿意接受贷款银行规定的其他条件。

2）法人。具有偿还贷款能力；能为购车贷款提供贷款银行认可的担保措施；在贷款银行开立结算账户，并存入不低于规定数额的购车首期款；愿意接受贷款银行规定的其他条件。

3. 质押贷款与质押物

质押贷款是指贷款人按《中华人民共和国担保法》（以下简称《担保法》）规定的质押方式以借款人或第三人的动产或权利为质押物发放的贷款。

可作为质押的质物包括国库券（国家有特殊规定的除外）、国家重点建设债券、金融债券、AAA级企业债券、储蓄存单等有价证券。出质人应将权利凭证交与贷款人。质押合同自权利凭证交付之日起生效。

以个人储蓄存单出质的，应提供开户行的鉴定证明及停止支付证明。

4. “直客式”和“间客式”贷款

汽车销售顾问应了解直客式及间客式这两种常见的贷款模式。简而言之，直客式就是购车顾客直接与银行签订贷款合同，与车商无关；而间客式则是汽车销售商作为担保第三方，居中协调购车顾客与银行签订贷款合同。目前，常见的以直客式居多。

（1）直客式

借款人直接向银行提交有关汽车贷款申请资料，银行经贷款调查审批同意后，签订借款合同、担保合同，借款人再到银行特约汽车经销商处选购汽车。汽车贷款由银行以转账方式直接划入汽车经销商的账户。

（2）间客式

借款人到银行特约汽车经销商处选购汽车，提交有关贷款申请资料，并由汽车经销商转交银行提出贷款申请。银行经贷款调查审批同意后，签订借款合同、担保合同，并办理公证、保险手续。

目前，工商银行有“直客式”和“间客式”两种贷款模式可供选择。

5. 贷款金额

以质押方式担保的，或银行、保险公司提供连带责任保证的，贷款最高额可达到购车款的80%；以所购车辆或其他财产抵押担保的，贷款最高额可达到购车款的70%；以第三方（银行、保险公司除外）保证方式担保的，贷款最高额可达到购车款的60%。

6. 贷款期限

汽车消费贷款期限一般为3年，最长不超过5年（含5年），最短为6个月。

7. 抵押贷款

抵押贷款是指抵押贷款人按《担保法》规定的抵押方式，以借款人或第三人的财产作为抵押物发放的贷款。可做抵押物的财产包括抵押人有权自主支配的房产和其他土地上定着物；抵押人依法取得的国家土地使用权；贷款人认可的其他财产。贷款人与抵押人签订抵押合同后，双方必须依照有关法律规定办理抵押物登记。抵押合同自抵押物登记之日起生效，到借款人还清全部贷款本息时终止。抵押权设定后，所有能够证明抵押物权属的证明文件（原件）及抵押物的保险单证（正本）等，均由贷款人保管并承担保管责任。

8. 贷款利率

汽车消费贷款利率按照中国人民银行规定的同期贷款利率计算。如果在贷款期间遇利率调整，贷款期限在1年（含1年）以下的，按合同利率计算；贷款期限在1年以上的，实行分段计算，于下一年年初开始，按相应利率档次执行新的利率标准。

9. 申请贷款提交资料

借款人向银行申请个人汽车消费贷款，需要提交如下资料：贷款申请审批表；本人有效身份证件及复印件；配偶的有效身份证件原件及复印件以及同意抵押的书面证明；居住地址证明（户口簿或近3个月的房租、水费、电费、煤气费等收据）；职业和收入证明（工作证件原件及复印件，银行代发工资存折等）；有效联系方式及联系电话；提供不低于规定比例的首付款凭证；贷款担保证明资料；贷款担保可采用权利质押担保、抵押担保或第三方保证，采用第三方保证方式的，应提供保证人同意担保的书面文件、保证人身份证件原件及复印件、有关资信证明材料等；在银行开立的个人结算账户凭证；银行规定的其他资料。

10. 贷款额度

由银行对借款人实际情况评定借款人资信，按资信等级确定借款数额普通项：各银行均规定最高贷款金额不得超过净车价的80%。

特别项：以银行认可的质押物申请贷款的，或银行、保险公司提供连带责任保证的，借款金额最高可达车价的80%；以所购车辆或其他不动产抵押申请贷款的，借款金额可达车价的70%；以第三方保证方式申请贷款的（银行、保险公司除外），借款金额可达车价的60%；以所购车辆作抵押担保的，贷款最高额不超过购车款80%；以借款人或第三方自然人的个人住房、商业用房抵押担保方式申请贷款的，最高金额不超过抵押物评估价值的70%；以个人信用方式或自然人提供的连带责任保证担保方式申请贷款的，贷款金额最高不得超过20万元。

11. 还款方式

期限在1年以内的贷款，一般在贷款到期日一次性还本付息、利随本清。一年以上贷款有等额本息还款和等额本金还款两种主要还款方式，每月还款付息额计算公式如下。

等额本息还款：$贷款总额\times月利率+贷款总额\times月利率\div(1+月利率)^{还款总日数-1}$。

等额本金还款：$贷款本金\div还款总月数+(贷款本金-已归还本金累计额)\times月利率$。

汽车销售顾问可以按照上述方式，为购车顾客计算购车贷款的每月还款金额，并及时告知客户。

二、两种消费信贷方式的比较

目前，汽车消费信贷方式很灵活，选择的余地也很大，特别是买车贷款方式除了有银行贷款方式之外，还有金融公司贷款等方式，消费者不一定非要选择银行这种贷款方式。那么，对客户来说，究竟哪种车贷更适合呢？下面只对银行贷款方式和金融公司贷款方式进行分析比较。

1. 申请车贷资格

1）商业银行放贷看重申请人收入、本地户口和抵押物。

2）汽车金融公司放贷标准比较宽松，主要看重申请人信用。

商业银行和汽车金融公司两者最大不同之处在于，在汽车金融公司，外地户口的人在一定条件下一般很容易申请到车贷，而在商业银行想申请车贷比较困难，需要有本地户口市民担保、房产证明等一系列烦琐的程序。

2. 贷款手续和费用

1）商业银行放贷一般需一周多时间，要找担保公司或担保人来做担保，且收取一定的手续费。

2）汽车金融公司优势在于手续快捷方便，一般 2 天左右完成，且不用缴手续费、抵押费、律师费等费用。

3. 贷款利率高低

1）商业银行车贷利率是按照中国人民银行规定的同期贷款利率计算的。

2）汽车金融公司的利率通常要比银行现行利率高一些。

目前，汽车金融公司的贷款利率一般要比银行高 1 个百分点，如按贷款 10 万元计算，3 年期有可能要比银行多支付 3000 多元。

4. 首付款比例

1）商业银行目前规定最低首付款为全车售价的 40%，贷款年限一般也有 3 年和 5 年两种选择，最长不超出 5 年。

2）汽车金融公司的首付款比例要求较为宽松，首付款一般较低，比如丰田金融，对于信誉度非常好的客户可以承诺首付款为全车售价的 20%，贷款年限多分为 3 年和 5 年两种。

5. 月还款额

1）商业银行月还款额是按照中国人民银行规定的汽车贷款月筹额还本付息利率计算的。

2）汽车金融公司可以提供弹性信贷这种服务。弹性信贷灵活性较强，就是通过不超过贷款额一定比例的弹性尾款，在合约到期时，为消费者提供多种选择：一次性结清弹性尾款，获得汽车所有权；或对弹性尾款再申请为期 12 个月的二次贷款；或在售车经销商的协助下，以二手车置换新车。由于这笔弹性尾款被排除在月供的总额之外，所以贷款月供一般比银行要低。

到底以上哪种车贷方式更适合，这需要具体看贷款利率和车价折扣。在汽车金融公司贷款买车，一般车价是没有多少折扣的；相比之下，如果经销商能让利数千元，通过银行贷款买优惠的车辆则更为合算。那些在银行评估系统看来资信度不高的申请者，可优先考虑向汽车金融公司申请贷款；资信良好、具有首付能力的贷款人可以优先考虑选择银行贷款。

三、办理汽车消费贷款的程序

1）选定拟购汽车，与经销商签订购车合同或协议。

2）到银行网点提出贷款申请，需提供如下资料。

个人：贷款申请书；有效身份证件；职业和收入证明以及家庭基本状况；担保所需的证明或文件；贷款人规定的其他条件。

法人：贷款申请书；企业法人营业执照或事业法人执照、法人代表证、法定代表人证明文件；人民银行颁发的贷款证；经会计（审计）师事务所审计的上一年度的财务报告及上一个月的资产负债表、损益表和现金流量表；抵押物、质物清单和有处分权同意抵押、质押的证明，抵押物还须提交所有权或使用权证书、估价、保险文件，质物还须提供权利证明文件，保证人同意保证的文件；贷款人规定的其他条件。

3）银行在受理借款申请后有权对借款人和保证人的资信情况进行调查，对符合贷款条件的，及时通知借款人办理贷款担保手续，签订汽车消费借款合同。

4）借款人在银行指定的保险公司预办抵押物保险，并在保单中明确第一受益人为银行，保险期限不得短于贷款期限。

5）银行向经销商出具汽车消费贷款通知书，借款人同时将购车首期款支付给经销商。

6）经销商协助借款人到相关部门办理缴费及领取牌照等手续。

四、个人汽车贷款的前期准备

随着车价的逐步走低，越来越多的普通消费者开始加入了购车者的行列，但或许其中的很多人还不具备一次性付款的能力，借助银行的汽车消费贷款自然是必不可少的。怎样贷款购车才合算，需要走哪些程序，具备什么条件，这是每个想通过贷款方式购车的人所面临的现实问题。各大银行虽在车贷政策上大致相同，但也各有千秋，在这里列出其中的一些主要条款。

1. 证件准备

1）借款人身份证件（居民身份证、户口簿或其他有效居留证等）以及婚姻状况证明。

2）近期水、电、煤气费账单。

3）有效收入证明（如工资单附工作证、代发工资存折，或个人调节税税单等）或其他有效还款来源证明（如未抛售的股票、基金交割单、未兑现的年终分红方案和稿酬证明或待变现其他货币收入等）。

4）房产证明（不一定作为必要抵押，但作为重要的资信评定）。

5）借款人配偶的身份证和户口簿或有效居留证的复印件。

各大银行均依据贷款者的水、电、煤气账单和月收入证明，综合年龄等多方面情况，衡量消费者的还贷能力。

2. 资信审查准备

除了最基本的房产证明外，最重要的还是贷款者的职业，即收入持续稳定达到一定水平，且所在单位信誉良好。一般来说，都会要求消费者以所购车辆作为抵押，但由于近年车价的大幅下跌，一些银行会在实际操作中要求房产抵押。

此外，除了传统的抵押、质押、担保等方式外，银行还为部分资信良好的客户提供一定的授信额度。特别项：个人信用评分在80分（含）以上的特定借款申请人，可以信用方式申请汽车消费贷款。具体对象为党政机关副科级（含）以上干部，教育系统具有正、副高级职称人员，三甲医院主治医师，金融、邮电、通信、保险、证券、电力部门在职具有副科级（含）或副高级职称（含）以上人员，上市公司和跨国公司的高级管理人员，注册在职律师、会计师、审计师等。

若借款者从事的是医生、教师、政府公务员、律师等职业，或属于银行、证券、保险等金融领域的从业人员，或身为世界500强企业、上市公司（非ST、PT）的中、高层管理人员，可以免交收入证明、婚姻状况证明两项贷款申请材料。

五、分期付款购车需要注意的问题

目前，分期付款购车业务在国内已广为开展，这一方面圆了一些工薪族的汽车梦，另一方面也给人们带来一些思考。由于汽车是一种特殊商品，加上我国现在没有专门调整分期付款购车的法律、法规，所以，在采用分期付款方式销售汽车的过程中，存在着相当大的法律风险。

1. 双重买卖

以汽车抵押方式分期付款购车的，出卖人在与买受人签订了买卖合同后，再将标的物（汽车）转卖与第三人时，应如何处理呢？这要分两种情况。

1）若出卖人与买受人尚未到车管部门办理所有权转移登记，而且与第三人亦未办理登记的，这时，同一辆汽车存在着两个债权。

实现买受人与第三人的债权由出卖人自己决定。对未能取得汽车所有权的一方，出卖人应承担违约责任。

2）若出卖人与买受人未办理汽车所有权转移登记，而与第三人办理了所有权转移登记的，在先的买受人不能取得汽车所有权时，他可基于合同追究出卖人的违约责任。

在出卖人和买受人办理汽车所有权转移登记时，就不存在出卖人进行双重买卖的问题，因为出卖人已不享有汽车的所有权了。

以所有权保留方式分期付款购车的，因在买受人支付全部价金前，汽车所有权一直属出卖人，故出卖人有进行二重买卖的可能。依民法，出卖人将可能给汽车原买受人造成极大的损失。例如，甲在乙经销商处以所有权保留方式购车，在支付最后一期价金前，乙将汽车所有权让与善意人丙，并到车管部门进行了登记。在这种情况下，甲因对汽车无所有权，就不能对抗丙返还汽车的请求。如乙此时已破产，甲的损失是非常大的。

可见，在以所有权保留方式分期付款购车的情况下，禁止出卖人二重转让或赋予买受人以强有力的抗辩是非常重要的。

为了避免风险，汽车销售顾问应慎重提醒贷款购车的车主在贷款尚未结清的前提下，应尽量避免贷款所购汽车的所有权的转让。

2. 所有权的转移

《中华人民共和国民法通则》规定，动产所有权自交付登记时起转移，法律另有规定或当事人另有约定的除外。分期付款购车所有权转移的时间应符合《民法通则》的规定。

1）在抵押式分期付款购车中，所有权自物交付时转移于买受人所有。这与一般商品交易惯例及法律规定一致。

2）在所有权保留式分期付款中，依双方当事人的约定，所有权自买受人支付全部价金后始发生转移。这符合法律对所有权转移时间可以约定的规定。

在所有权转移方面，常常会出现以下问题：在买受人尚未支付所购之物的全部价款之前，买受人将所买之物转让或抵押给第三人，或所买之物发生毁损、灭失、被盗等。这就有一个风险负担的问题。一般来说，物之风险是随物的所有权而转移的。

3. 买受人对汽车的处分

抵押人对汽车的处分有两种情况：一是抵押人将汽车让与第三人；二是抵押人将汽车再做抵押。此外，抵押人还可能将汽车租赁或借与第三人使用。

对抵押人处分汽车的，依《担保法》的规定，抵押人转让汽车时，应通知抵押权人并告知受让人汽车已经抵押的情况。抵押人未通知抵押权人或者未告知受让人的，该转让行为无效。若转让汽车的价款明显低于汽车价值的，抵押权人可以要求抵押人提供相应的担保；抵押人如不提供，不得转让抵押物。抵押人转让汽车所得的价格，应当向抵押权人提前清偿或向与抵押权人约定的第三人提存。超过债权数额的部分，归抵押人所有，不足部分由债务人清偿。

抵押人对汽车另设定抵押的，依《担保法》规定，后设抵押与前设抵押所担保的债权如大于汽车价值的，后设抵押担保的债权超出汽车价值的部分无效。在分期付款购车中，汽车价金会随买受人的支付越来越少，而抵押人仍得就整个剩价金担保。另一方面，抵押人的其他债权人的抵押权不得优于第一顺序的抵押权，第一顺序的抵押权人（出卖人）完全可以实现其债权，且其他债务人提供资金的，表明他愿意承担一定的风险。依意思自治的民法基本原则，后续抵押应该有效。

以所有保留方式分期付款购车的，买受人在交付全部价金前，对汽车不享有所有权。但因其占有汽车，故可能将汽车让与第三人。这里的让与有两种情况：

一种情况是将汽车的所有权让与第三人。因买受人对汽车无所有权，他对汽车适用善意取得制度。善意取得的条件有：

1）标的物需为动产。

2）第三人系善意无过失，即不知道也不应当知道该处分系无权处分。

3）第三人与无权处分人之间的法律行为是合法有效的（除处分人没有处分权外）。

4）一般要求该处分行为系有偿行为。从表面上看，善意第三人似可依据善意取得制度获得汽车所有权。其实不然，因为若第三人在购车时认为先买受人有处分权，但在办理登记过户时也会发现事实真相，从而撤销双方的法律行为。如第三人与买受人未办理过户登记，由第三人占有汽车，该第三人亦无从取得汽车所有权。因汽车是一种特殊的动产，必须经国家车管部门登记方能取得所有权。由此可见，买受人是无法将汽车转让给第三人所有的。

另一种情况是买受人转让期待权。所谓期待是指买受人以合同关系人身份享有的，请求出卖人转移汽车所有权的合同权利。因买受人在支付全部价金以前，无请求对方转移汽车所有权的权利。但他享有一种期待对方转让所有权也存在争论。将这种权利视为物权还是债权？这在法律上无规定，在理论上也有争论。视这种权利到底是物权还是债权，其结果是不一致的。在我国，可将出卖人转让期待权的行为视为一种附条件买卖合同。进一步说，它是附停止条件的买卖合同，其条件是原买受人保持期待权。如买受人未支付全部合同价金，导致合同被撤销的，买受人期待权消灭，第三人亦无从取得期待权。从另一角度看，这也是债务变更问题，可适用合同变更的有关规定。

课后练习题

1. 作为汽车销售顾问，你如何理解汽车消费贷款？

2. 银行贷款方式和金融公司贷款方式有什么不同之处？

3. 办理汽车消费贷款有哪些程序？

4. 作为汽车销售顾问，对于个人汽车贷款的前期准备，如何提醒购车车主需要准备什么样的资料？

5. 什么是贷款购车的双重买卖？

6. 为了避免风险，汽车销售顾问应慎重提醒贷款购车的车主在贷款尚未结清的前提下，应尽量避免贷款所购汽车的所有权的转让。这是为什么？

学习情景八

销售谈判

任务一　谈 判 认 知

【任务目标】

1. 知识目标

1）能叙述谈判认知基本内涵。

2）能叙述谈判认知基本流程。

2. 技能目标

1）能判断所面对顾客的特征。

2）能针对不同的客户进行有针对性的谈判并收到实效。

3）积累相关的经验，便于下次谈判。

3. 情感素养目标

1）培养处理汽车销售谈判所需的能力及素质。

2）能够积累相关的谈判经验并总结。

3）具备和不同的客户进行谈判有及时应变的能力。

【任务分析】

当一个潜在购车客户来到汽车经销店，你作为汽车销售顾问需要负责接待，希望通过你的谈判，使得购车客户接受汽车经销店的预期价格，达到购车客户及汽车经销商的双赢。

一、汽车销售谈判的概念与特征

1. 汽车销售谈判的定义

汽车销售谈判是汽车销售商与购车者双方，为实现各自的目的所进行的沟通和说服的过程。汽车销售谈判应包括以下内涵。

1）谈判要有明确的目的性。主要特指购车顾客所购买的某一种、某一款、某一年份的车型。

2）谈判产生的前提，是谈判双方在观点、利益和行为方式等方面，既相互联系又发生冲突或差别。双方均按照自己的理解及接受能力出牌。一般而言，作为汽车销售商，希望价格越高越好，而作为购车客户，希望价格越低越好。

3）谈判是一种交流、沟通和说服的过程。注意这是双方的一种妥协、协商的过程。

4）谈判的结果，是使谈判者部分或全部需要得到实现，或取得实现的基础。本质上是双方均可以接受的合理价格。

5）谈判双方是平等互惠的，但利益常常是不均等的。

2. 汽车销售谈判的构成要素

一场完整的谈判，作为一个整体，其构成要素包括谈判主体、谈判客体、谈判目的、谈判时间、谈判地点，以及其他物质条件等多方面。其中，最基本的构成要素是谈判主体、谈判客体和谈判目的三项。

1）谈判主体。汽车销售商与购车者双方。

2）谈判客体。购车顾客所购买的某一种、某一款、某一年份的车型。

3）谈判目的。本质上是双方均可以接受的合理价格。

3. 汽车销售谈判的评价标准

评价一次汽车销售谈判是否成功，通常有三个标准。

一是谈判是否需要。因谈判而自身获得满足，即谈判的目的是否达到。也就是这桩生意是否做成。

二是谈判的效率如何。尽可能干脆利索地解决问题。

三是谈判之后与谈判对手之间的人际关系如何。购车客户还会来汽车销售店，会继续成为潜在的盈利增长点，因此，确实很有必要维系汽车销售人员与购车客户之间的关系，毕竟和气生财。

二、汽车销售谈判要素分析

1. 汽车销售报价策略

报价又叫发盘或发价。报价是指双方对所交易的某款车价格提出的观点。

一般的，汽车整车销售是发盘人（汽车销售商）所做的承诺性表示，整车报价对汽车销售商具有约束力。整车销售的价格必须具备的特点是内容清楚确切，没有含糊和模棱两可的词句；买卖商品的主要交易条件是完整的。

下面通过一段对话解释报价策略。你去菜市场买菜（寻盘，也就是询价）：“大爷，这白菜怎么卖?”（发盘）“5 毛一斤。”（还盘）“不行，太贵，便宜一些，我要 10 斤。”“那最低 4 毛 5 一斤，不能再低了。”（接受）“行，就 4 毛 5 一斤，我要 10 斤，你给我称吧!”“好的。”

用一张明了的图表示双赢谈判的利益最佳结合点，如图 8-1-1 所示。

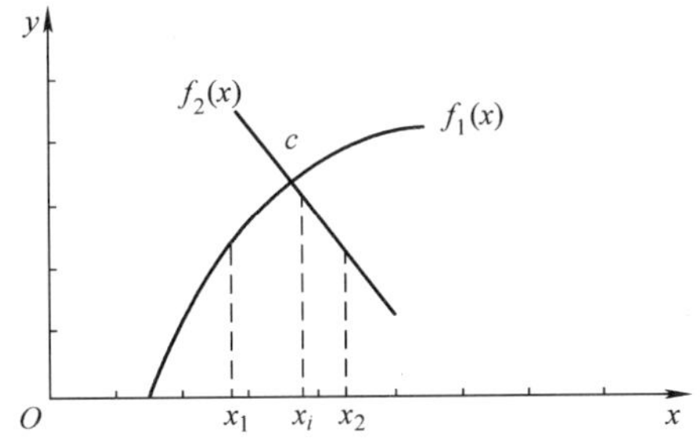

图 8-1-1 报价原则示意图

2. 汽车销售讨价策略

在汽车销售谈判过程中，当交易一方（汽车销售商）报价后，一般情况下，购车一方不会无条件地接受对方的发盘，而会提出“重新报价”或“改善报价”的要求，即“再询盘”，俗称“讨价”。

具体讨价策略是购车者就车的价格是否更加优惠和具体报价内容能否增加更多的免费项目。常常用于对方第一次改善价格之后，或不易采用笼统讨价方式时。具体讨价的要求在于准确性与针对性，而不在于“全部”将自己的材料（调查比价的结果）都端出来，在做法上是将具体的讨论内容分成几块。

现在许多购车者在来到汽车经销商之前，已经对这几款车型有了一定的了解。所以汽车销售人员应该充分准备。

3. 还价策略

汽车销售人员在还价前，应保持礼貌的微笑，可以用“您好，我清楚您的意思等”这样的词语，用比较尊重的语气回答客户。

同时应该思考：弄清对方为何就这款车型如此报价，注意倾听对方的解释和答复，有的时候需要记下对方的答复，但不要加以评论。

同时，判定自己范围内的优惠权限，判断哪些价格对方可以接受，购车客户重点关注哪些部分。这款车型可能成交的价格区间是多少。

4. 理想的讨价还价特点

一般而言，双方的初始报价肯定存在着分歧（这也是产生讨价还价过程的原因），讨价还价策略接受区间如图 8-1-2 所示。

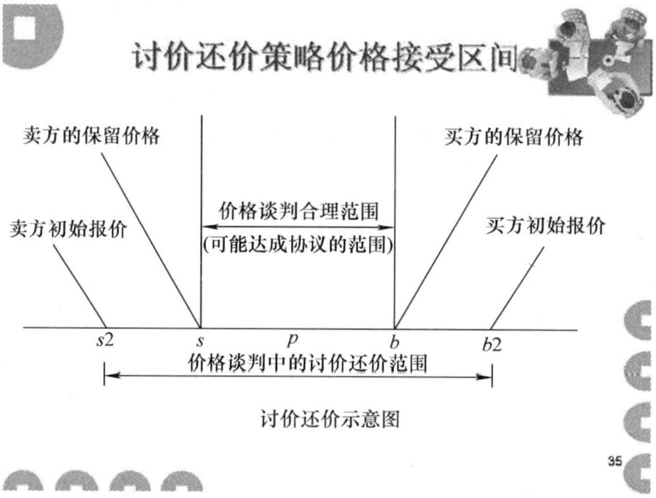

图 8-1-2 讨价还价策略价格接受区间

三、汽车销售减价策略

汽车销售的第一次报价不值得相信（无论哪方报价），所以必须留出减价空间。注意：汽车销售人员在第一次不能减价太多，否则会造成购车者认为减价空间还很大，坚定购车者的信心，软磨硬泡，这对经销商不利。

减价幅度的变化在某种程度上表明了谈判者的底线，顽固坚持可能失败（谈判破裂），但也会瓦解对方的意志。

汽车销售人员对于整车减价的原则：

1）不要做无谓的减价，不要步步退缩，丧失谈判的主动权，要知道这场谈判是在汽车经销商的店面内完成。

2）减价时间的选择，当谈判陷入绝望，可以离开座位或者向经理请示。

3）减价要让在刀刃上，让得恰到好处，使你较小的减价能给对方以较大的满足，以求得较大的回报。

四、汽车销售谈判小结

每次销售完毕后，建议汽车销售顾问填写《销售工作笔记》，完善及总结自己的经验及体会。

课后练习题

1. 作为汽车销售顾问，你如何理解汽车销售谈判？
2. 作为汽车销售顾问，你知道汽车销售谈判的构成要素吗？
3. 作为汽车销售顾问，依据自己的个性，谈谈你的汽车销售减价策略？
4. 每次销售完毕后，你是否坚持填写销售工作笔记？

任务二 价格处理

【任务目标】

1. 知识目标

1）能叙述价格处理的知识。

2）能叙述价格应对的策略。

2. 技能目标

1）能判断汽车销售价格处理是否符合规范。

2）能对照汽车销售人员的实际销售活动对价格处理进行练习。

3. 情感素养目标

1）培养价格处理所需的能力及素质。

2）能够坚守价格底线的控制能力。

3）具备和不同的客户进行价格谈判有及时应变的能力。

【任务分析】

当一个客户来到汽车经销店，你作为销售顾问需要负责接待，希望通过你的价格处理的能力，达到一定的价格接受区间，能让客户接受价格。

一、汽车销售价格异议处理方法

一般而言，大多数潜在购车顾客对于车价感觉偏高，主要原因如图 8-2-1 所示。

1. 了解购车顾客压价的目的

购车顾客压价的目的，主要有以下几个方面。

1）心理上的自我满足感。许多购车顾客觉得购买汽车能够光宗耀祖，风光回到老家，有的是二次换车。总之，不同的购车顾客，均希望在心理上得到相应的尊重。

2）希望少付点钱。这个道理很简单，谁都希望买到价廉物美的汽车。

3）希望买到物有所值的商品。潜在的购车者均需要购买到物有所值的商品，包括汽车。

2. 引导顾客考虑商品的价值

汽车销售人员应该强调说明自己销售的车型与价格匹配的原因。可以从以下两方面进行。

1）强调产品的与众不同。

某电动汽车销售员接待一位想要购买电动汽车的顾客。

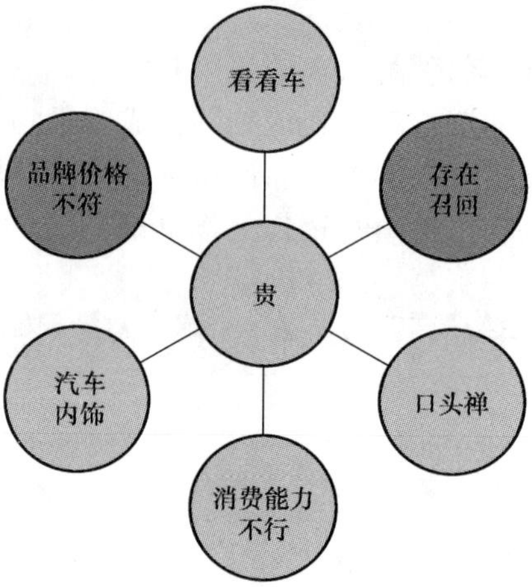

图 8-2-1 顾客对于汽车价格高的理由分类

顾客：这种电动汽车的续驶里程大吗？我最怕驾驶的时候，突然没有电！

汽车销售人员：噢，我们电动汽车使用的是来自美国的技术，电池充满电，续驶里程约为 300km，能满足市内一般需求。

顾客：嗯，还不错，不过，这个价格也太高了吧！

汽车销售人员：…

2）强调产品的相对价格

某电动汽车销售员接待一位想要购买电动汽车的顾客。电动汽车销售员和顾客试车，顾客感觉还不错。

顾客：这辆 S 系列的电动汽车价格 85 万元，太贵了。

销售人员：是啊，乍一听这价格很贵，可我们这款纯电动车电池终身保修，按照一辆汽车终身行驶 30 万 km，您就需要约 20 万元的油费，但是我们 30 万 km，只需要充电约 1000 次，每次才 10 元钱，您计算一下，光油费就节约 19 万。还不包括国家、深圳市政府的优惠政策。是啊，而且您购买我们的电动汽车，符合现代的潮流及审美观！

3. 利用顾客的感觉

1）使用尽可能小的计量单位。可以写成××万××千元。

2）针对购车顾客求利的心理，提示顾客这是优惠价或出厂价，向购车顾客暗示这是最低的价格。

二、处理价格异议时应注意的问题

[案例 1]

某汽车经销店里，销售人员正在接待一位购车顾客。

顾客：这款 SUV 车多少钱？

汽车销售人员：这款是国产的 S6，价格才 12 万元左右。

顾客：这么贵啊，作为国产品牌，比奇瑞的瑞虎 5 还要贵 10000 元！

汽车销售人员：哦，进货渠道不一样，你要是想买我给你便宜一点。

通过上述对话，可以看出：

1）推销人员不要过早地提出或讨论价格问题。

2）不要轻信顾客的价格异议。

3）不要轻易降价。

[案例2]

某市汽车经销商李经理去某出租车公司洽谈，计划将所售汽车作为该出租车公司的替换车型。在向某出租车公司老总说明来意之后，某出租车公司老总仔细地了解了李经理带来的汽车资料及整车，并感叹其质量良好。但该老总说：“你的车每辆11.8万元，太贵了！”

李经理没有正面回答，而是说“您先看看这个车型的安全碰撞获奖证书、相关技术资料和产品报道。假如贵公司今后使用我们的产品，我们这款车型每行驶100km油耗是8L，开空调是9L，相对其他车型，每100km节省燃油2L。按照出租车每天行驶550km计算，一天节省11L燃油，一个月是330L，一年就是3930L，折合2.8万元。您说，每辆车11.8万元还贵吗?”

出租车公司老总：“我们也和另外几家公司谈过，情况也都不错，如果你们不能便宜一点，我们可以考虑其他的公司。”

汽车经销商李经理（沉思片刻）：“好吧，每辆车再降500元，不过你们要和我们签订至少50台车的购货合同！”

出租车公司老总被说服，双方签订了购货合同。

1. 谈价格不能陷入“价格战”

简明扼要，宣传品牌。

寻找客户问题的重心，由浅入深，层层深入。

说出自己的与众不同。

原则：直到完全阐明自己品牌的优势后，才可谈到价格。

（1）“三明治”法

如果顾客提出异议，销售顾问就立即反驳“物有所值，我们是品牌的。”这样的话犹如利剑，很容易伤害顾客的自尊心，甚至激怒顾客，引起不快。这个时候销售顾问可以采用“三明治”法处理异议。所谓“三明治”法就是“认同+原因+赞美和鼓励”的方式。

例如，在介绍完产品之后，顾客还是说产品太贵了，我们可以这样说，“您说得对，一般顾客开始都有和您一样的看法，即使是我也不例外。但有些顾客买了之后确实感觉不错，昨天又带朋友买了一件，相信像您这么精明的消费者是不会选择错误的。”

销售中，首先表示与顾客有相同的看法，使顾客感受到自己得到了对方的理解和尊重，这自然也就为下一步亮出自己的观点、说服对方铺平了道路。一般来说，顾客都明白“一分钱一分货”的道理，当顾客得知产品价格高是因为质量好的缘故，再加上销售顾问对其适当的认可和理解时，顾客对于价格也就不会再争议了。

（2）比较法

顾客购买衣服一般都会采取货比三家的方式。这个时候导购就要用自己产品的优势与同行的产品进行比较，突出自己产品在设计、性能、声誉、服务等方面的优势。也就是用转移法化解顾客的价格异议。常言道，“不怕不识货，就怕货比货”。

由于价格在“明处”，顾客一目了然，而优势在“暗处”，不易被顾客识别，而不同生产厂家在同类产品价格上的差异往往与其某种“优势”有关，因此导购要把顾客的视线转移到产品的“优势”上来。这就需要导购不仅要熟悉自己销售的产品，也要对市面上竞争对手的产品有所了解，才能做到心中有数，知己知彼、百战不殆。

另外，在运用比较法的时候，要站在公正、客观的立场上，一定不能恶意诋毁竞争对手。通过贬低对方来抬高自己的方式只会让顾客产生反感，结果也会失去更多的销售机会。

2. 了解顾客的购物经验——看

顾客对于产品价格的反应很大程度上来源于自己的购物经验。个人经验往往来自于自身的接受程度所形成的对某种产品、某个价位的知觉与判断。顾客多次购买了某种价格高的商品，回去使用后发现很好，就会不断强化“价高质高”的判断和认识。反之，当顾客多次购买价格低的商品，发现不如意后，同样也会增加“便宜没好货”的感知。

值得强调的是，在一对一个性化的销售过程中，销售顾问完全有时间了解到顾客的购物经验，从而对顾客能够接受的价位进行准确的判断。

总之，价格是销售的最后一关，支付能力与支付意愿之间总是有差异的，购买意愿没有形成之前，谈价格是没有意义的，没有购买欲望，就没有谈价格的必要。

3. 顾客发出价格高的信号

当顾客发出价格高的信号后，应耐心聆听，不要争辩。聆听的目的不是不和顾客理论。顾客产生抱怨，说明其在心理和物质上已经受到某种程度的伤害，要真切、诚恳地接受抱怨，说话要从顾客角度出发。

课后练习题

1. 顾客对于汽车价格高的理由，大体可以分为哪些？
2. 作为汽车销售顾问，如何说明自己销售车型与价格匹配的原因？
3. 作为汽车销售顾问，依据自己的个性，谈谈你的汽车销售减价策略？
4. 案例分析：

某汽车经销店里，汽车销售顾问正在接待一位购车顾客。

顾客：这款 SUV 车多少钱？

汽车销售顾问：这款是国产 S6，价格才 12 万元左右。

顾客：这么贵啊，作为国产品牌，比奇瑞的瑞虎 5 还要贵 10000 元！

汽车销售顾问：哦，进货渠道不一样，你要是想买我给你便宜一点。

通过上述对话，可以看出汽车销售顾问的语言表达有什么问题？

任务三 合同签订

【任务目标】

1. 知识目标

1）能叙述汽车整车销售合同中的要件。

2）能叙述汽车整车销售合同签订的基本流程。

2. 技能目标

1）能按照企业行为准确理解汽车整车销售合同中的要件。

2）能承接具体客户签订具有法定效应的合同。

3. 情感素养目标

1）培养签订汽车整车销售合同所需的能力及素质。

2）培养签订汽车整车销售合同并了解细节的能力。

3）具备签订汽车整车销售合同及时应变的能力。

【任务分析】

当一个潜在客户经过价格谈判，达成一致性建议后，接下来就需要签订具体的销售合同。

一、汽车整车销售合同的要件分析

当一个潜在客户经过价格谈判，达成一致性建议后，接下来就需要签订具体的销售合同。这时候需要汽车整车销售人员进行签订合同的准备工作。

不同的地区，不同的汽车经销商，对于整车销售合同的称谓是不同的，如《新车销售订单合同》《新车销售合同》或《购车合同》等。图 8-3-1 为某汽车销售商的《新车销售订单合同》。

整车销售合同主要要件有甲方、乙方、约定事项、车名（车款、车型、年份等）、支付车款（支付金额、支付方式、预订金、车辆附加费用、保险费用）、汽车精品、按揭签约明细、销售经理（销售人员）签名及日期等。

1. 甲方

甲方一般填写汽车整车销售企业的名称、地址、电话并标定合同编号、合同签订时间等。这方面大部分均为默认格式，销售人员据实按照空格填写即可，特别是时间要填写明确。例如，深圳汽车限购截止时间是 2014 年 12 月 29 日下午 6 点前。因此时间填写很重要。

2. 乙方

乙方一般填写汽车整车购买者的姓名（或者单位名称）、行业、手机、固定电话。购车者可以分为单位客户或者个人客户，单位客户需要填写组织机构代码证，个人客户需要填写身份证号码等。外籍个人购车者需要填写护照号码并参照相关规定执行。

汽车整车购买者的姓名（或者单位名称）等信息填写一定要清晰，字体要容易识别，避免产生不必要的纠纷。

3. 约定事项

约定事项通常制定为有利于汽车销售商的格式条款。

4. 车名（车款、车型、年份等）

汽车销售人员一定要仔细核实所销售的车名、车款、车型、年份等。目前二手车交易很看重年限，年份越久的车越不值钱，而且年检也要早一些。

5. 支付车款

汽车营销人员应该与购车者明确支付金额、支付方式、预订金。

（1）定金与订金的区别

这里需要明确：“定金”指为保证合同的履行，消费者预先向整车销售者（甲方）交纳

TOYOTA 广汽TOYOTA

新车销售订单合同

此订单是消费者(乙方)向经销商(甲方)提出购买汽车商品意向的文件。请客户认真阅读以下相关的条款，在对内容充分认可的基础上，进行署名和盖章的砍认。

甲方	销售店	温州浙通汽车有限公司				
	地　址	温州市龙湾区福州浙道下福村 325000				
	电　话	0577-85578888	销售区分		订单合同编号	订单日期　年　月　日

乙方	姓名/单位名称		职业/行业		电话		手机	
			单位联系人		宅电		传真	
	私人地址/单位地址		邮政编码		E-mail			
	此栏目公限私人客户填写	国籍	性别	出生年月日	年　月　日	身份证号		
	证件类型	□身份证	□居住证	□护照	□永久居住证	□营业执照	组织机构证代码	

约定事项：

一、订购人(以下阅读乙方)在向经销商(以下阅读甲方)提出订购时，需要甲方规定需交销定金，甲方确认收制定金合同制订购单开始生意，订购单生效成因乙方单因变更或取消订购时(通过支付条款累计达　天，视为取消订购)，合同终止，甲方收款的定金不域退还。
二因甲方原因造成不能限水国行订购合同内容时，合同终止，甲方取肖租还定金。
三、因不可执力造成的退订或迟延交费等，双方均不承担违约责任。
四、产品重量，荐合广州老国合同玢通产品出帮检查
五、本合同各不终止，
六、本合同各一度三份，甲方销售部、财务部，乙方订单人各持一份。
七、甲方合其约“机动不销售统一宣事”中约客户各名称与试合同“客户名称”统一。买方不许更改姓名，如更改附视为本合同无效。
八、本合同内之标准观察配备以原玫发事为准,如有变动，视为单厂发如分泌物为准　。
九、其准约定事项：

车名		车型		车型代码		款式		SFX		颜色		台数	

付款注意事项	乙方应在开始代办上牌照手续之前(如不需要代办牌照，应在交车日前)付清余款，所付金额(预订金和所剩余款)与实际发生费用的差制地交车时结算。

	金额(人民币)	百	十	万	千	百	十	元	角	分
支付金额	车辆价格									
	A.厂家特别规硌价格									
	B.精品/配件价格									
	C.经销商提供的选款价格									
	合计 ①									
	D.购置附加费用 ②									
	E.保险费用 ③									
	合计(①+②+③) Ⅰ									
支付预订金	Ⅱ									
余款	合计 (Ⅰ-Ⅱ)									
力支	现付									
式付	按揭									
现付方法	1.现金　2.支票/汇票　3.转账									
D购置附加费用明细	车船购置税									
	车船税									
	养路费									
	上牌手续费									
	其它 1(　　)									
	其它 2(　　)									
	合　计									
E保险费用明细	车辆损失险									
	第三者责任险									
附加险费用	全车盗抢险									
	车上责任险									
	无过失责任险									
	自燃损失险									
	不计免赔特约险									
	玻璃单独破掉险									
	保 险 费 合 计									

精品·配件购置明细	商品名	商品编号	数量	余额
	A			
		合计		
	B			
		合计		
	C			
		合计		

按揭利用明细		
	签约金融机构：	抵押方法： 车辆：
	期限：	履约保险：
	还款截止日期：	
	利息代估：	其他他　　)

销售经理	销售顾问	联系电话
	代码	

签字/盖章：

支付总额	金额	小写	
		大写	千　佰　拾　万　千　佰　拾　元整
	到账日期	年　月　日	确认人署名/盖章
预计交车日期			

甲方：＿＿＿＿＿＿　乙方：＿＿＿＿＿＿

＿＿年＿＿月＿＿日　＿＿年＿＿月＿＿日

图 8-3-1　某汽车销售商的《新车销售订单合同》

一定数额的钱款。合同上是“定金”的，依据《合同法》相关规定，一方违约时，双方有约定的按照约定执行；如果无约定，整车销售者违约时，“定金”双倍返还，消费者违约

时，“定金”不返还。“定金”的总额不得超过合同标的的20%。

而对“订金”，目前法律上没有明确规定，一般可视为“预付款”。“订金”的效力取决于双方当事人的约定。双方当事人如果没有约定，“订金”的性质主要是预付款，整车销售者违约时，应无条件退款；消费者违约时，可以与销售者协商解决并要求其退款。如果双方当事人另有约定，则按照约定执行。

（2）车辆购置税

车辆附加费用主要包括车船购置税、车船税、上牌手续费。车辆购置税实行从价定率的办法计算应纳税额，计算公式为应纳税额 = 计税价格 × 税率。如果消费者买的是国产个人用车，计税价格为支付给经销商的全部价款和价外费用，不包括增值税税款（税率17%）。因为机动车销售专用发票的购车价中均含增值税税款，所以在计征车辆购置税税额时，必须先将17%的增值税剔除，即车辆购置税计税价格 = 发票价 ÷1.17，然后再按10%的税率计征车辆购置税。

比如，消费者购买一辆10万元的国产车，去掉增值税部分后按10%纳税，计算公式是100000 ÷1.17 ×0.1 =8547元。

（3）车船税

2012年新版车船税［核定载客人数9人（含）以下乘用车部分］开始按7个档次征收。

1）1.0L（含）以下60～360元。

2）1.0L以上至1.6L（含）300～540元。

3）1.6L以上至2.0L（含）360～660元。

4）2.0L以上至2.5L（含）660～1200元。

5）2.5L以上至3.0L（含）1200～2400元。

6）3.0L以上至4.0L（含）2400～3600元。

7）4.0L以上3600～5400元。

凡发动机排气量小于或者等于1L的载客汽车，都应按照微型客车的税额标准征收车船税。

（4）上牌手续费

一般而言，对于全额付款的车辆，整车销售人员可以建议车主自己去车管所上牌或者代办。但是贷款买车就必须由本车商办理相关手续并收取上牌手续费。这是行业内的规则，全国情况都一样。

现在全额付款手续比较简单。对于销售人员和4S店而言，上牌手续费这笔收入很直接，但销售人员却要跑很多地方，办各种手续，很麻烦，所以用指定挂牌或保险来弥补“付出”。

6. 汽车精品

汽车销售人员应该主动、有意识向购车用户推荐汽车精品对他带来的好处。可以从下面五个方面阐述。

1）对乘员和汽车起到保护作用。

2）减少不必要的经济损失，切勿因小失大。

3）提高汽车的档次。

4）装具可以给客户带来很多方便。

5）消除驾驶疲劳，增加驾驶乐趣，保持愉悦的心情。

汽车精品种类繁多，主要分为防护产品、电子产品、美容产品、小精品等。防护产品如太阳膜（图 8-3-2）、底盘装甲、发动机钢护板、封釉套装、地胶、脚垫、行李箱垫、掸子等。

电子产品包括原车导航、氙气前照灯（图 8-3-3）、倒车雷达、摄像头、智能钥匙。

图 8-3-2　汽车隔热防爆膜

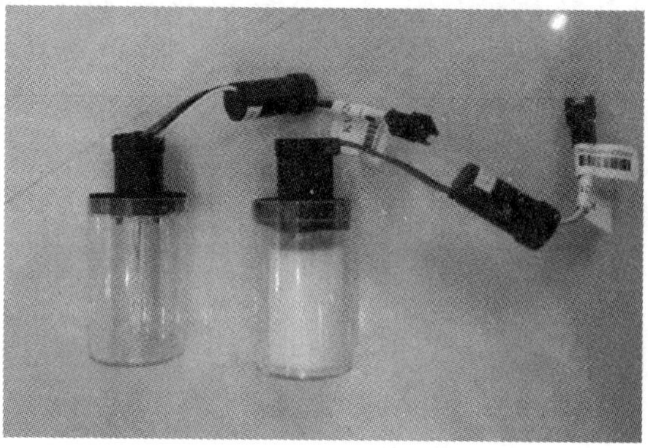

图 8-3-3　氙气前照灯

美容产品包括大尺寸轮毂轮胎、前后灯罩、四季坐垫等；小精品包括指南针、纸巾盒、汽车香水、座椅腊等。

7. 按揭签约明细

整车销售人员明确贷款的银行机构名称、抵押方法、期限、还款截止日期以及估计的利息，便于购车者参考。

8. 销售经理（销售人员）签名及日期

合同签订完毕，最后仔细核查一遍，然后由销售经理（销售人员）签名并填写日期。

二、汽车销售合同签订注意事项

1. 清晰解释所有的书面文件

1）在签约前，利用看板和统一格式的报价单，对签约流程和细节做简单说明。

2）采用统一格式的《××××产品销售合同》（只针对××××产品和服务）。

3）对于置换销售用户，应做好二手车相关文件的交接工作，并对二手车相关责任进行明确，并就后续服务进行约定。

4）根据顾客选择的延伸服务，销售顾问填写《延伸服务清单》，在与顾客当面点检交接后请顾客签字确认。

5）延伸服务合同应采用独立的文件，按照合作方的格式填写，并注明此类服务和产品不包括在本店担保范围内。

6）合同文件应使用统一格式的标准文本，让用户感到正规和放心。

7）销售顾问或首席销售顾问对合同的条款及其他文件的条款进行详细的说明（车辆配置、价格细目、交车时间和装潢等），对重要条款应重复。

8）让顾客有充分的时间考虑合同条款的内容。

9）确认付款方式，如顾客办理了置换服务，应与顾客确定车款结算方式和二手车产权移交期限，并在相关文件中注明。

10）销售顾问填写合同，并签约。如情况需要，可请求财务人员到签约房间内办理收款。签约完成后，对顾客表示感谢，并预约交车的时间和地点。

2. 开具发票

由于付款方式不同，发票既可以在签约成交时开具，也可以在交车前开具，销售员应根据实际情况，在交车前确认发票已经开出，并在开票当日将发票信息输入相关系统。

三、汽车销售人员合同处理的能力

整车销售人员应该具有足够的诚信度，所签订的合同文件应使用统一格式的标准文本，让用户感到正规和放心；具备丰富的专业知识和耐心解答书面文件疑问的能力。最后仔细核对相关资料，以避免节外生枝。

四、汽车销售实战话术与技巧

销售不是一个简单的买卖，在实际销售中或许会遇到很多的困难。销售也绝不是仅靠碰运气，任何成功，都要有真凭实学。不管从事哪种工作，学习才是不断前行的胜利法则。

下面通过一个实际案例来解决你销售中遇到的问题和疑惑。

（A—销售顾问；B—顾客）

销售顾问：先生，您好！我是这里的销售顾问，我姓王，叫我小王就好了！请问我怎么称呼您呢？

顾客：哦，小王。我也姓王，叫我王总吧。你这款2.5凯美瑞多少钱？（先判断是否习惯性地询价，看是不是购买信号！）

销售顾问：王总，我们凯美瑞有很多型号，不知道您说的是哪款？（绝大多数销售顾问就开始报价了，然后就是无意义的讨价还价）

顾客：你展车这款是什么型号？

销售顾问：我们凯美瑞2.5有四款，豪华、豪华导航、至尊导航、旗舰。王总您真有眼光，这款是我们卖得最好的豪华版。对了，王总您是第一次到我们展厅吗？

顾客：是的，你这款展车有什么配置嘛？（看见没有，如果是习惯性问价，你只要多提点问题就会把他引开）

销售顾问：看得出来，王总对性能很关心，一般看一款车主要从外观、动力、安全、舒适、超值性这五个方面看。您所说的配置主要是舒适还是安全方面，或者是两方面都有呢？（认同技巧加结构性的说话，这才是真正顾问式销售）

顾客：全方位的吧！

销售顾问：那我先说舒适方面的吧！对了，问一下王总您是第一次买车还是换购啊？（提问是优秀销售顾问的法宝！）

顾客：第一次！

销售顾问：没关系！绝大多数客户都是第一次购车，所以就更要仔细了解一款车了！（认同技巧）对了，王总，您买车主要在市区开呢，还是也要兼顾到高速公路呢，或者说哪种路况您最经常遇到？（背景问题）

顾客：我可能经常要跑高速！

销售顾问：是的，这样的高频率用车，一定要讲究舒适性，特别是在高速公路上开车更容易疲劳。王总一定是公务非常繁忙了！看得出来是绝对的商务精英！王总，你以后开车除了您一人外，肯定少不了家人也要经常乘坐吧？（认同技巧和叙述加提问技巧解开了客户的异议）（背景问题）

顾客：那是肯定的！

销售顾问：对呀，那就更要注重舒适性的配置了。其实每款车的基本配置都差不多，但不同的车有不同的配置，而且即使是那些基本的配置，质量和功能也都不一样。对于您这种商务精英客户，凯美瑞开发了很多适合您的一些配置。不知道王总对汽车音响有什么特别要求？

音响那肯定要好！

顾客：是的，音响不好对自己开车的心情影响很大？对吧！

销售顾问：是的

顾客：凯美瑞有款配置了能够在开车时使您心情愉悦的“先锋音响”。（利益陈述法）

销售顾问：先锋？

顾客：是的，这是广汽丰田专门对您这种商务客户特别配置的超豪华音响。先锋音响是全球最著名音响之一，起源于1938年的先锋（Pioneer）是扬声器领域的先驱和开拓者，不过音响这东西只有听才会有感觉。不知道王总平时喜欢听点轻音乐还是爵士乐呢？（典型的主动引导技巧）

顾客：什么都可以！

销售顾问：那我今天为您准备了一张著名唱片，都是轻音乐的！我们来欣赏一下吧！来，王总您坐驾驶室，我坐您旁边。（坐进去以后）王总，举个简单的例子，您觉得是电影院效果好呢，还是家里面的音响效果好？（典型的设陷阱法）

顾客：那当然是电影院啰！我平时爱看电影，特别是大片，一定要到电影院看，绝对是这样的。

销售顾问：我也爱看电影。凯美瑞的先锋音响完全可以满足您这个需要。下面我们来听听？

顾客：好。

销售顾问：王总，在听之前我必须告诉您，这张唱片里有表现高音和低音的部分，等会听的时候，我会提醒您，您注意听一下它的音质，好吗？（典型引导，把客户的胃口吊到极致）

顾客：好！

销售顾问：怎么样？

顾客：嗯，不错，有点赶上宝马的音响了。

销售顾问：王总，这个高音部分体现得很完美吧！（体验后询问满意度）

顾客：哦？

销售顾问：王总您听过宝马的音响，那您一定知道宝马用的是什么音响吧！（典型的老练手法，不会自己说出来）

顾客：BOSS！

销售顾问：王总，您真专业！BOSS 音响也很不错！

顾客：对了，你们这个音响和 BOSS 有什么区别？

销售顾问：嗨！王总您问的这个问题在我的客户中只有两个，您是第三个，这些人可都是音响发烧友啊！不瞒您说，BOSS 确实很出名，而先锋的音响也是世界顶级的，再好听的音乐，也要由扬声器传出来，音源处理再好，音响不好，也不能播放出超棒的音乐啊！您说呢，王总？

顾客：是的。

销售顾问：对了，王总，您刚才提到经常跑高速，我想有个配置您一定喜欢。(典型的引起客户的好奇)

顾客：什么配置？

销售顾问：就是“自动定速巡航”。

顾客：这个我知道！

销售顾问：问王总一个问题吧。比如您在经过了一天的劳累后，在高速上开车一直踩着加速踏板，您一定觉得右脚又酸又累吧？(难点问题)

顾客：对！不过有定速巡航呀。

销售顾问：您说得真对，您知道它的工作原理吗？

顾客：这个不知道，不过我也不用知道。

销售顾问：是的，但我觉得知道这个原理对您是有好处的。它是这样帮您解决问题的，按您当时设定的时速，通过电脑控制油量的供应来控制车速，这样就可以使您的右脚轻松地解放出来，这时您再听着凯美瑞的先锋音响，那真是觉得一切尽在您掌握呀！(经典的 FAB 产品介绍法)

顾客：嗯，小伙子，你的口才不错嘛！

销售顾问：过奖了，在王总面前我哪敢班门弄斧呀！对了，凯美瑞还有一款您意想不到的空调配置，和一般的空调不一样哦？

顾客：怎么不一样啦？

销售顾问：王总，没您刚才提到你开车时经常家人也要一起乘坐，对吧？

顾客：对呀！

销售顾问：那就是了，炎热的夏天，当您和家人在车内使用空调的时候，如果老人和您使用空调的温度不一样，这样是不是很麻烦呢？(难点问题)

顾客：有点！

销售顾问：那这种麻烦对您有什么影响？

B：那没办法，最后我就只能照顾家人啰！

销售顾问：那是不是最好照顾到所有人的需要，对您来说是非常重要啦？(需求 - 效益问题)

顾客：对啊！有这样的空调吗？

销售顾问：当然，这是凯美瑞专门为你们这种客户设计的。这种空调叫自动恒温双区空调，它能够根据不同的人对温度的需要设定不同的温度，从而使您车内驾驶室和乘坐室的温度不一样，这样就能很好地照顾到您和您家人不同的需要了。您觉得这样的配置对您不是一举两得吗？(又一次经典的 FAB 介绍法)

顾客：这款凯美瑞多少钱？（这有可能是购买信号了）

销售顾问：这样，我们先去试驾一下，回头我们再谈个好价钱！怎么样？

顾客：好吧！

销售顾问：王总，您看，这是我们为您准备的试驾路线，它有平路、上坡，还有急转弯，这个路线完全能够满足您试驾的感觉！整个流程分为试乘和试驾，你先试乘，然后再试驾，好吗？

……

销售顾问：（试驾完后）王总，这次试驾您还满意吗？

顾客：可以！

销售顾问：那您对产品还满意吗？

顾客：不错！凯美瑞的配置和舒适性都不错！

销售顾问：如果您对产品没有异议的话，我们看一下合同吧。对了，您喜欢白色还是黑色！（典型的尝试签约法）

顾客：我比较喜欢白色，因为我夫人可能也要开，白色比较中性！

销售顾问：对，白色的确能兼顾到，那您是现金付款呢，还是分期付款呢？（认同技巧时时刻刻照顾到，再加上典型的尝试签约法）

顾客：现金！你们到底能优惠多少？（有点生气了！）

销售顾问：王总，您别急，这些问题都是例行手续，完了以后我们会商量一个好价钱！您看怎样？（钻石级销售顾问的特征之一：临危不惧）

顾客：这样，你还是给我说你们可以优惠多少吧！

销售顾问：其实这么好的车，配置和各方面都这么好，已经没有什么优惠了。

顾客：那怎么可能呢？现在买车怎么不可能优惠呢，雅阁都优惠 10000 元了。

销售顾问：放心。王总，您今天绝对不会白来的，我小王肯定是要做你的生意的，我看您也是要诚心买，刚好呢，我们又在搞活动，今天是第 20 天了，前面已经有很多客户都是在这个活动里买的。这样，我给您送套千元礼包（钻石级销售顾问的特征之二：自信！）

顾客：不行！

销售顾问：王总，您别生气，您觉得别处的销售人员有像我这样给您介绍产品和服务的吗？（钻石级销售顾问特征之三：脸皮厚！）

顾客：是没有，我觉得你的介绍我比较满意！

销售顾问：对了，您看您在别处，人家销售顾问还没有我的服务好，就优惠 10000 元，我的服务比他还好，凯美瑞的产品溢价高出雅阁 20000 元，我还送您千元礼包，您不觉得我已经亏了吗？（钻石级销售顾问特征之四：示弱！）

顾客：那……这样，你再送我套膜，我一定买！

销售顾问：如果是这样的话，就比较麻烦了。

顾客：为什么？

销售顾问：因为……哎呀！我不好说！

顾客：怎么不好说！

销售顾问：我这样的话会被销售经理骂的。

顾客：为什么？

销售顾问：因为经理规定了，如果超过礼包的优惠必须问客户三个问题（葵花宝典：三问成交法）

顾客：什么问题？

销售顾问：①王总，您今天带钱了吗？

顾客：带了，卡。

销售顾问：②王总，您今天就买吗？

顾客：嗯，如果再送膜，可以的。

销售顾问：③王总，您买车就您一个人决定吗？不需要其他人吗？比如您夫人。

顾客：不用了，她有得车开就行了！

销售顾问：那好，我们现在就签这份合同。

顾客：为什么？

销售顾问：我好拿进去帮您申请呀！

顾客：那好，签吧。

销售顾问：谢谢！那我拿进去帮您申请，应该可以的。您等等，先喝杯茶吧！（钻石级销售顾问特征之五：微笑着“戏弄”客户，而客户还乖乖地投降）

（进去转转，出来后）王总，恭喜您，您终于如愿以偿了！（您终于可以驾着您心爱的凯美瑞回家了！）

顾客：是吗？

销售顾问：我们去办手续吧！

顾客：好！

（搞定！）

此外，还有种情况，客户不签合同。

销售顾问：那好，我们现在签这份合同吧！

顾客：不签，你的价格还没谈好呢！

销售顾问：那……这样，我尽量帮您去试试。唉，我这次又要挨骂了！（进去转转）

（出来后）恭喜您！王总，我终于帮您申请到这个价格了，签合同吧！

顾客：啊……好吧！

（搞定！）

还有种情况，出来后还是不签。

顾客：那……我要考虑一下。

销售顾问：啊，王总，您不是说您今天就决定买了吗？

顾客：不是不是，我还要和我老婆商量一下。

销售顾问：啊，您不是一个人可以决定购买吗？

顾客：啊！？

销售顾问：您看我冒着挨骂的风险，好不容易帮您申请到这个价格，你太不为我们这些小员工考虑了！

顾客：不是不是……小伙子你别误会。

销售顾问：不是误会，我也是真心实意地帮您成全这个价格，您看您就没有诚意了！

顾客：那……好好，我买了，小伙子这还不行吗？

销售顾问：行，但您一定要真心诚意的，您看我一直帮您忙前忙后，这种服务您到别家根本没有。

顾客：是的，是的，你们服务我很满意！

销售顾问：那行，等会我们签合同吧！

顾客：好好好！

如果顾客坚持不签合同，百般找借口的话，那就这样说：

销售顾问：王总，您今天要真的不买，也行，但您一定要接受我一个道歉，行吗？

顾客：为什么你要道歉呀？

销售顾问：唉！我太失败了，今天我们都谈得这么好了，您还是不买，那肯定是我刚才产品介绍没有打动您，您对产品还是不喜欢！或者是我给您服务的过程有什么差错，让您觉得不舒服了。对不起，是我的责任。但您能说说为什么吗？谢谢了。

顾客：不是，你的介绍我很满意，你的服务我也很满意。

销售顾问：那我就不明白了，为什么呢？

顾客：嗯……主要是价格，我觉得价格还能不能再低点儿呀？（很小声说）

销售顾问：不行，绝对不行，就这样我都被老板骂了，还要扣奖金的。您也知道我们卖车的工资少得可怜，每个月就指望那点奖金了，您这一少不要紧，我这月工资和奖金就被扣了。王总，您忍心吗？

顾客：你们工资高得很，我知道。

销售顾问：对呀，不降价卖工资就会高呀，您说得一点都不错，但只要降价卖就扣，而且扣得非常狠。刚才我已经帮您申请到全车膜了，您还要降，我们卖车也太难了。

顾客：真的吗？那好，看你这么有诚意，服务又好，我买！

如果这个客户还是不买，就这样说：

销售顾问：行，王总，这可是最后一次申请了，最多500元。

顾客：好吧，谢谢你了，小伙子。

销售顾问：但有个条件必须得答应我，否则我真的帮不了您这个忙。

顾客：什么条件？

销售顾问：保险和装饰必须在我们公司做，行吗？这个条件不苛刻吧！

顾客：行！

销售顾问：那您等着，我尽量试试。（出来后）王总，我还是要恭喜您，虽然我的工资扣惨了！唉！

顾客：把你们经理叫来，我跟他说，不能扣你的工资！

销售顾问：算了算了，你现在去说，回去后还不是要扣的，您就赶快签合同吧，这些事我自己处理！您的好意我谢谢了！

顾客：好，签吧！

销售顾问：王总，那谢谢了，但您可以再答应我一个条件吗？

顾客：什么条件？

销售顾问：您看我们的难处，您也知道了，这个价格您自己享受到就行了，千万不要给别人讲这个价格，否则我真的拿不到钱了，帮我一个忙好吧？

顾客：这个行！

销售顾问：那太感谢了，我们签合同吧！

顾客：好！

其实这段话还可以继续下去，因为凯美瑞的卖点有很多，完全可以一一这样进行下去。你们可以看看哪些问题用到了背景问题，哪些用到难点问题，哪些用到暗示问题和需求－效益问题。如果都这样下去，你们说凯美瑞不好卖吗？可能你们看到这样的介绍后，你们都心动了！为什么？这就是销售功底的作用。

课后练习题

1. 汽车整车销售合同，大体需要注意哪些条款？
2. 作为汽车销售顾问，你知道支付车款有哪些方式吗？
3. 定金与订金的区别是什么？
4. 为何要额外注意车名（车款、车型、年份等）？
5. 车辆购置税如何计算？
6. 2012 版新车船税［核定载客人数 9 人（含）以下乘用车部分］开始按 7 个档次征收，具体金额是多少？

学习情景九

上牌与交车服务

任务一　新车上牌

【任务目标】

1. 知识目标

1）能叙述新车上牌的基本流程。

2）能叙述新车上牌涉及财务计算的方法。

2. 技能目标

1）能说明新车上牌的基本流程。

2）能对就新车上牌与顾客、车管所和税务局人员进行沟通交流。

3. 情感素养目标

1）培养新车上牌所需的能力及素质。

2）培养与相关人员进行沟通协调的能力。

3）具备对新车上牌出现不同的问题有及时应变的能力。

【任务分析】

当一个客户支付了全额车款（包括依据法定流程完成车贷）的准车主，汽车销售人员应该依据约定，完成新车上牌的工作。这是汽车销售过程中很重要的环节。若环节流畅，可以加快整个汽车营销的速度，对于加快车商的现金周转率具有很大的帮助。

一、深圳新车上牌资料准备

在深圳新车上牌，汽车销售人员需要准备的资料：购车发票（3 联）、车辆合格证、一致性证书、交强险保单（正本、副本）、身份证或居住证等原件及复印件，新车照片、车架号拓印、发动机拓印。下面重点讲解一致性证书、车架号拓印、发动机拓印。

（1）一致性证书

企业在出厂的每一辆车辆上须附带一张经企业盖章和/或车辆一致性主管人员签字的车辆一致性证书。不同企业的一致性证书有所不同，有的则是一张 A3 大小的纸件，有的则是类似保险合同有外皮的文件夹形式等。图 9-1-1 为上海大众汽车的一致性证书。

（2）车架号拓印

常见的车架号拓印有两种方法：一种方法是先把薄的白纸蒙在车架号上，然后用铅笔横向轻轻涂抹，即可拓印出所需的号码模，剪下来用胶水贴到登记表上。也可用红印泥先涂满车架号，然后蒙上薄的白纸，用手指轻轻压后，取下所需拓印的号码模。另一种方法是把复写纸与白纸叠在一起后，紧靠在车架号上，再用手指按压白纸，同样可拓印出号码模，剪下来贴到登记表上即可。

图 9-1-2 为铅笔拓印的汽车车架号的图片。

（3）发动机号拓印

汽车营销人员上牌前，一定要注意发动机号拓印，不要到了车管所才发现这个问题而惊慌失措。发动机号的拓印方法与车架号拓印方法相同。发动机号一般都在隐蔽的地方，要拓印就必须拆除部分零配件，费时、费力。当然，也有的经销商不会对拓印发动机号一事发愁。上海通用别克、雪佛兰品牌的车辆，在出厂的时候厂家已经拓印了发动机号。

各种车型的发动机拓印号的位置是不同的。例如，北京现代全新胜达发动机拓印要拆下底盘护板；有些地区还要用当地专用的拓印纸拓印车架号才行。宝来汽车发动机的号码在发动机黑色护罩上面，如图 9-1-3 所示。

图 9-1-1　上海大众汽车的一致性证书

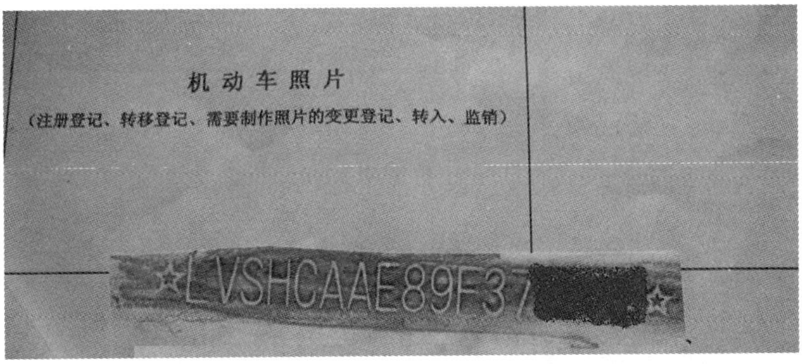

图 9-1-2　某车车架号拓印（铅笔）

二、深圳新车交购置税

以深圳为例。缴纳深圳新车购置税，可以依据车商的营业位置来确定比较近的办税服务厅。在八卦岭片区的车商，办税地点为八卦岭办税服务厅，地址在福田区八卦二路五街八卦岭工业区 545 栋 2 楼；如图 9-1-4 所示。

深圳办税服务厅工作时间：9:00—12:00，14:00—18:00。汽车销售人员准备资料，填写车辆购置税缴纳申请表，携带购车发票原件（征税联）、车辆合格证原件/复印件、身份

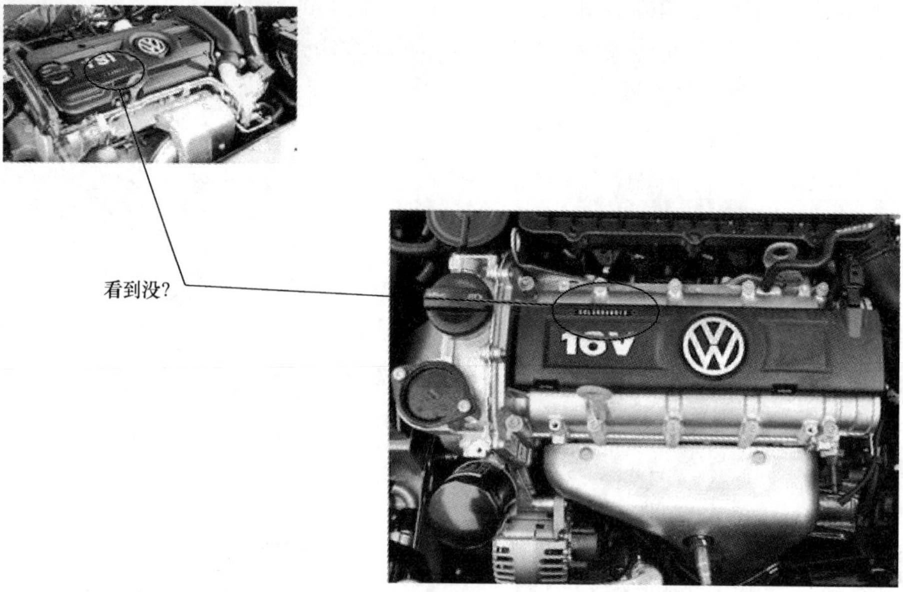

图 9-1-3　宝来汽车发动机号

证原件/复印件、居住证原件/复印件。

进门后先取号，选“个人车主优先办理”，然后整理好需要的资料，找取号机旁边的服务咨询台工作人员帮助录入打印申请表，等到叫号，将资料递到服务窗口审核通过后，刷卡缴费即可（不能用现金）。然后领取完税证明（绿色小本，包括正本和副本）。

图 9-1-4　八卦岭办税服务厅

三、深圳新车交车船税

以深圳为例。缴纳深圳新车车船税，可以依据车商的营业位置来确定比较近的办税服务厅。在八卦岭片区的车商，办税地点为深圳市保税区地方税务局，地址在八卦二路99号大百汇办公楼二楼。办公时间：9:00—12:00，14:00—18:00。准备好购车发票原件/复印件、车辆合格证原件/复印件、身份证原件/复印件、居住证原件/复印件；上二楼后，拿一个个人缴税业务号，不需要填申请表，准备好资料等叫号，办理时，递上资料，审核通过后刷卡缴费（不能用现金）。然后领取车船税发票即可。

四、领环保凭证

以深圳为例。办理环保凭证，可以依据车商的营业位置来确定比较近的尾气管理单位。例如，在深圳梅林的广东省机动车排气污染复检点，地址在梅林梅坳六路6号，如图9-1-5所示。时间：9:00—12:00，13:00—17:00。准备好车辆合格证原件/复印件；大门后边就是办事大厅，停好车后拿号，不用填申请表，办理时直接递上资料即可。然后领取环保凭证。

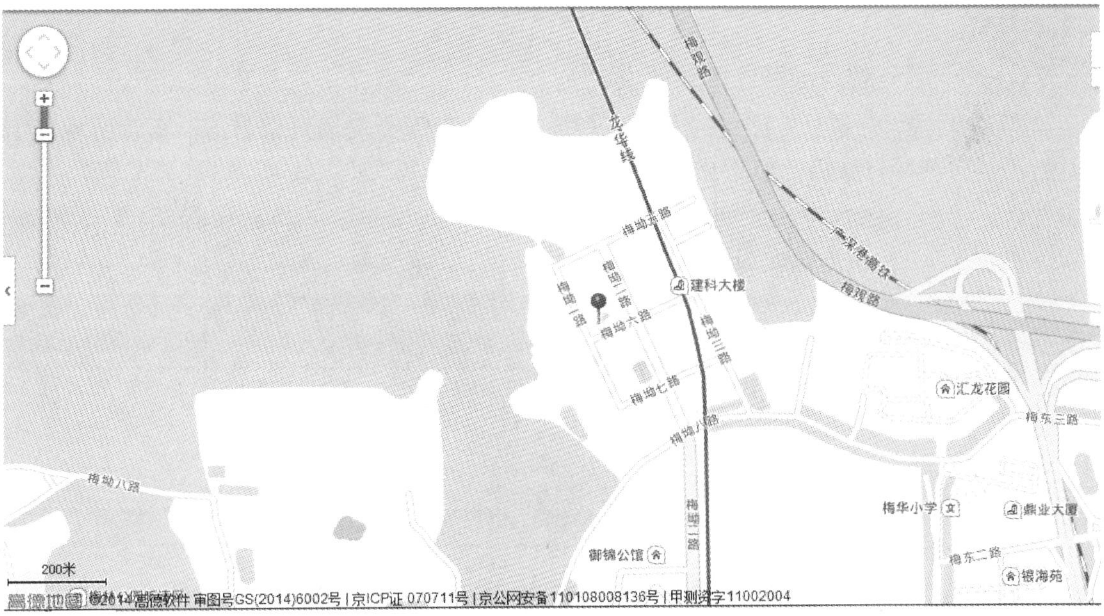

图9-1-5 深圳梅林的广东省机动车排气污染复检点

五、办理深圳车牌

上述资料办妥以后，就可以到深圳市公安局车辆管理所新车刑侦区（左侧边门入）办理深圳车牌，地址在南山区龙井路698号。办公时间：8:00—17:00。

准备好申请表（现场）、购车发票原件（注册登记联，粘贴到一张A4纸上）、车辆合格证原件/复印件、身份证原件/复印件、居住证原件/复印件、交强险副本、购置税副本（粘贴到一张A4纸上）、车船税发票/复印件、环保凭证、新车彩照一张、发动机号和车架号拓印各一张。进入车管所后，根据路牌指示将车开到新车验车区。先去验车区大楼的背面（也就是正对大门的那一面）二楼左边前台领取验车申请表，填好并准备好资料（需要将照片、车架号拓印、发动机号拓印粘在申请表上）后，再回到验车区大厅进门最左边的窗口录入车辆信息（此步骤需要预约，网址 http://cgs.stc.gov.cn/erjxz2.html，不然不能办理，且不能代办，除非是车管所认可的代办机构，没有提前预约的到验车大厅背面一楼自助预约机上预约，注意：每天只能预约500个号）；回到验车区等警察来验车，可以先叫拍照的警察来拍照，验完车再把资料拿去验车大厅盖章，拿好所有资料就可以开车离开验车区了。车开出验车区的时候注意不要往右拐出车管所，应该往左拐开到社会停车区；拿好所有资料到刚才拿申请表的二楼大厅，去进门的右边尽头处，自助缴纳牌照申请的费用（125元），再去大厅进门的左边前台取号，等待上牌的资料审核；审核完材料，拿到选号条可去十选一窗口排队选号；拿到提车牌的单子，先到十选一窗口的门前办理EMS邮寄（十选一能当天拿到车牌，但行驶证等证件得等几天，为了不再跑一趟，邮寄方便划算），再让办理邮寄的工作人员在提车牌的单子上盖个章，就可以下一楼（下楼的左边）拿车牌了，在拿车牌的房间先到“办理”那个窗口审核盖章，然后到拿牌那个窗口等着工作人员叫名字拿车牌，等待时间约为20min。

拿到车牌后，将取车牌、行驶证的单子拿到EMS窗口，递给工作人员，让他代拿剩下的资料邮寄。

六、关于选车牌及限购后政策解读

车管所提供3种选号方法：网上选号系统自选、车管所现场自编自选、车管所现场10选1。车管所现场自编自选如图9-1-6所示。

图9-1-6 车管所现场自编自选

1. 深圳汽车限购政策

深圳从2014年12月29日18时开始实施汽车限购，有效期暂定为5年。每年暂定指标10万个，按月分配。其中，2万个指标只针对电动汽车，采取摇号；8万个普通汽车指标，50%采用摇号，50%采取竞价。其年度指标视交通、大气环境和汽车需求适时调整。

限牌后如果车主想要买车，有两条路：摇号+拍卖。一条是全靠运气的摇号之路；另一条是拼人民币的竞拍之路。

目前，深圳每年拿出 4 万个名额进行摇号，另外 4 万个名额进行拍卖，剩下的 2 万个名额则给电动汽车进行摇号。在刚刚过去的 2014 年，深圳新增机动车 55 万辆，未来摇号和竞拍的竞争之激烈，可以预期。

2. 深圳汽车限购对象

作为汽车销售顾问，应及时了解深圳汽车限购的具体指向。可以依据该通告，判定销售汽车及对象是否适用于汽车限购。

通告所称小汽车，是指国家机动车类型分类规定所列小型、微型载客汽车。小型载客汽车是指车长小于 6000mm 且乘坐人数小于等于 9 人的载客汽车，但不包括微型载客汽车。微型载客汽车是指车长小于等于 3500mm 且发动机气缸总排量小于等于 1000mL 的载客汽车。大型、中型载客汽车，各类载货汽车以及其他类型机动车不在调控之列。

3. 增量调控管理措施的目的

截至 2014 年 12 月 20 日，深圳市机动车保有量近 314 万辆，其中小汽车占 80% 以上。根据深圳市现状交通调查，高峰时段交通流量构成中，约 90% 是小汽车交通。由此可见，小汽车不但是机动车保有量构成的主体，也是深圳市道路交通出行的主体，是导致深圳市道路交通拥堵的主要因素。此外，运送同样数量的乘客，公共交通与小汽车相比，可节省土地资源 3/4，而尾气排放只是小汽车的 1/10。总体而言，小汽车的运输效率较低，尾气排放较高。

因此，深圳市制定了相互匹配的汽车限购政策。

4. 深圳可以参加摇号及竞价的人群

图 9-1-7 为可以在深圳市进行摇号及竞价的人群。

拥有深圳户籍 非本市户籍需持有效居住证，并且在近两年连续缴存医保
持有有效的准驾车型为C或以上的机动车驾驶证
名下没有已经登记的深圳牌照小汽车
没有已经摇号获取的指标
没有已经申请获得小汽车更新指标

图 9-1-7 可在深圳市进行摇号及竞价的人群

课后练习题

1. 深圳新车上牌，需要准备哪些资料？
2. 什么是一致性证书？
3. 如何拓印车架号？
4. 如何办理新车交购置税？
5. 如何领环保凭证？
6. 简述办理深圳车牌的基本流程。
7. 如何计算车辆购置税？

8. 简述深圳汽车限购政策。
9. 深圳汽车限购，是限购什么样的汽车？

任务二 新车交付

【任务目标】

1. 知识目标

1）能叙述新车交付的目的。
2）能叙述新车交车前流程。
3）能叙述交车面访成效分析。

2. 技能目标

1）能说明新车交付的基本流程。
2）能对新车交付进行改善及提高。

3. 情感素养目标

1）培养新车交付能力及素质。
2）培养与新车交付相关人员的沟通、协调的能力。
3）具备对新车交付出现不同的问题有及时应变的能力。

【任务分析】

当一个客户按照约定来到汽车经销店提车，你作为销售顾问需要负责接待，希望通过你的接待，为整个汽车营销环节画上一个圆满的句号。

一、新车交付的目的

因为顾客期待值很高，所以交车进行的好与坏直接影响 NPS。对于大多数客户来说，车辆的移交是决定、等待和期望过程的高潮。对购车顾客来说，新车交付是一段值得纪念的经历。

而对于汽车销售顾问，经过漫长的谈判、试车等一系列工作，显然此时的心情与购车顾客是有所不同的，具体的情况如图 9-2-1 所示，图中清楚地展示了购车顾客与汽车销售人员精神状态的区别。

二、新车交付的流程

1. 交车前准备

预约和通知客户提车，客户提车前，提前一天在内勤处抄车架号，销售顾问对车辆进行清洁和检查，并停至交车区。

（1）车辆的准备

汽车按照新车交车流程（PDI）进行最后的交车前检查。注意保持车辆内部的整洁与干净。做好交车准备。

（2）物料准备

准备好交车资料，仔细核查《机动车行驶证》《保险单据》，依据《新车购买礼品表》，

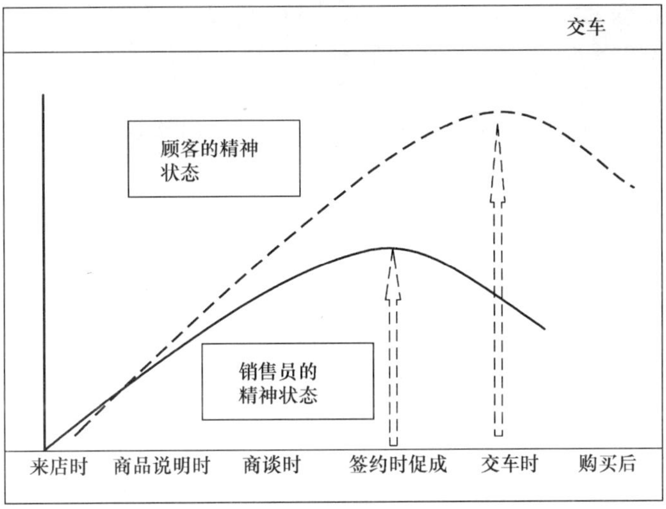

图 9-2-1 顾客与销售人员精神状态的区别

检查新车礼品是否足够。

(3) 人员准备

主要是接待人员的准备，防止销售人员有事临时无法参与。做好 CRM 专员与销售顾问的准备。

(4) 汽车外观清洁

新车交车前，再一次将汽车外观清洁干净。图 9-2-2 为新车交车前，清洁人员对汽车外观进行清洁。

(5) 为新车安装号牌

新车交车，理应办理好《机动车行驶证》，并安装相应的车牌。图 9-2-3 为新车号牌的安装。

图 9-2-2 新车交车前的外观清洁

图 9-2-3 新车号牌的安装

2. 新车当面点交

销售顾问将客户带到新车旁，按照《交车确认单》首先确认车辆并点交原厂配件、工具、送构件、装饰件等。

其次，陪同客户绕车检查，分享客户欣喜的心情（建议携带一块毛巾及清洗剂，因为新车难免有洗不净的印记，须随时替客户清除）。

点交完车辆后，还须点交证照、票据等书面文件，并与客户逐一核对，需勾选签字的地方恭请客户签名，同时准备好签字笔。

奉上《用户手册》《保修保养手册》，同时介绍车辆检查、维修的里程及日程，重点提醒首次保养的服务项目和公里数以及免费维护项目，如图 9-2-4 所示。结合《用户使用手册》，针对要项，向客户介绍如何操作，每一个开关，每一个步骤须讲解清楚，切忌用“你自己回去慢慢研究”“用户手册上有说明的”等语句，并依据客户的了解程度进行说明。一般维修手册基本上按照发动机室、电器部分、随车工具、按键、其他操作功能顺序介绍，销售顾问应提示客户阅读用户手册。

如客户对车辆的操作或功能仍不熟悉，应开车带客户行驶一段，边开边做介绍，然后换手让客户开一段。换手时应主动为客户开启车门，请客户坐上驾驶座，并协助调整座椅、转向盘、后视镜等，如图 9-2-5 所示。

图 9-2-4　利用保修保养手册讲解保修条例

图 9-2-5　销售顾问正在讲解车辆操作

确认无误后装入资料袋，交给客户，然后签字确认，如图 9-2-6 所示。

3. 欢送客户

销售人员再次确认与客户的联系方式，并简述后续跟踪内容。告之客户将来可能收到销售或售后服务满意度电话或问卷调查，请客户予以支持。请客户推荐潜在客户前来赏车试车。再次恭喜并感谢客户。微笑目送客户的车辆离去，挥手道别一直到看不见为止。第二天发送提车恭贺短信，并附上各服务部门联系方式。

图 9-2-6　与客户逐一核对，签字确认

三、交车面访成效分析

交车面访后，汽车销售人员需要继续进行成效分析。

1. 提高客户信息的准确性和完整性

通过交车面访，能够及时核对客户的准确信息。通过面对面交谈，能挖掘客户更深层的信息，并及时完善信息。最后，汽车销售人员将得到的信息当天录入 DMS 和 lean care 系统，方便后期的关怀工作和数据处理。

2. 提高满意度和推荐度

一般的交车面访，可以有效地提升顾客购车的潜在因素满意度，如图 9-2-7 所示。

交车日期	客户	是否面访	7天回访结果（以首次结果参考）	满意度(未评分均以8分计算)	推荐度
1月4日	黄树培	是	成功回访	10	10
1月6日	林洁	是	成功回访	10	10
2月8日	刘化忠	是	成功回访	9	9
2月14日	肖斌	是	成功回访	8	8
3月2日	梁启燕	是	成功回访	10	10
3月30日	任晓华	是	成功回访	9	9
4月1日	邓丹	是	成功回访	10	10
4月7日	周锦志	是	成功回访	10	10
5月22日	倪杨武	是	成功回访	10	10
5月23日	文崇华	是	成功回访	10	10
6月26日	周游	是	成功回访	9	9
7月8日	马妙如	是	成功回访	10	10
7月9日	陈梅松	是	成功回访	10	10
7月12日	王金花	是	成功回访	10	10
7月13日	马宁	是	成功回访	10	10
8月9日	庄伟珍	是	成功回访	10	10
8月10日	李红	是	成功回访	10	10
8月13日	周娟	是	成功回访	10	10
8月14日	陈宏烨	是	成功回访	10	10
平均分				9.706	9.647

图 9-2-7 与客户逐一核对、签字确认

3. 创造更多的效益

客户一般带朋友亲戚一起提车，通过良好的交车体验，能收获更多潜在客户。面访中，我们会引荐售后服务顾问，并传达保养维修事宜，保证售后消费的保有率。

课后练习题

1. 新车交付的目的是什么？
2. 在新车交付的时候，购车顾客与汽车销售人员精神状态的区别是什么？
3. 汽车销售顾问在新车交付前应做好哪些准备？
4. 如何与购车顾客进行新车当面点交？
5. 如何进行交车面访，核对客户的准确信息？
6. 如何提升满意度和推荐度？

学习情景十

汽车销售新模式

任务一　互联网营销概述

【任务目标】

1. 知识目标

1）能叙述汽车销售新模式的基本知识。

2）能叙述互联网营销基本知识。

2. 技能目标

1）能掌握汽车销售在互联网上应用的基本流程。

2）能对照汽车互联网销售进行练习。

3. 情感素养目标

1）培养互联网营销的能力及素质。

2）培养网络销售的沟通、协调能力。

【任务分析】

当一家4S店的官网具有车辆销售的基本流程时，你如何操作互联网，有针对性地对顾客进行车型解说，以达成购车协议。这需要对互联网的营销流程具有良好的把握。

一、汽车网络营销的概念

网络营销是企业整体营销战略的一个组成部分，是建立在互联网基础之上、借助互联网的特性来实现一定营销目标的一种营销手段。

网络营销的特点是不只在网上销售（网上交易），而是建立在传统的营销理论基础之上。目前的汽车销售顾问的工作，本质上就是依托网络资源，进行汽车整车销售。

1. 汽车网络营销产生的基础

当代消费者心理变化趋势和特征是个性消费的回归，消费主动性增强，对购买方便性的需求与购物乐趣的追求并存。当然，价格仍然是重要因素。

汽车网络营销的吸引力在于以汽车购买者为导向，强调个性化服务；互动性，实现全程营销；满足方便性，提高购物效率；满足价格需求。

2. 汽车网络营销的优劣势分析

（1）汽车网络营销的优势

汽车网络营销有利于汽车销售企业取得未来的竞争优势，使购车者的决策更具便利性和主动性。同时有利于汽车销售企业取得成本优势，便于企业和顾客的良好、及时、无间断的沟通，有利于汽车销售企业提供更优质的服务。

（2）汽车网络营销的劣势

由于网络营销基于网络而非面对面沟通，因此彼此之间缺乏信任感，潜在顾客可能对于价格问题过于敏感，网络各种软性广告过多，冲淡了汽车销售企业本来的销售对象，结果为了吸引眼球，导致企业促销被动性加剧。

更重要的是，汽车销售最终的结果还是购车客户到现场进行面谈、试车等一系列的活动，这样的活动还是需要通过面对面的交流与谈判。汽车网络营销的主要功能只是在于前期的蓄客作用。

3. 汽车网络营销与传统营销整合的有效策略

汽车 4S 店不仅仅是以实体店的形式存在现场营销，另外还要借助于网络营销。因此，网络营销与传统营销整合，尤为重要。

汽车 4S 店努力提高个性化的产品和服务，确立合适的目标定位，建立产品和企业信誉，适时改变价格策略和促销策略，搞好网站建设，控制营销绩效。

4. 汽车网络营销表现形式

一般而言，汽车网络营销的表现形式主要有两类：第一类是参与汽车平台的行销策略。如图 10-1-1 所示。

图 10-1-1 爱卡汽车网的深圳某车型的营销页面

第二类是汽车 4S 店官网的销售页面或者弹窗，如图 10-1-2 所示。

二、网络购车客户的购买行为分析

1. 网络个人客户特征分析

网络个人客户的需求分析，可以按照马斯洛夫的五种层次的需求层次理论（生理、安全、社交、尊重、自我实现的应用）进行。一般而言，能够购买车辆的顾客基本处于第四、第五阶段，许多潜在购车人士主要通过汽车改善现有的生活，或者提升汽车的品质，为以后的工作创造更加优良的品质。

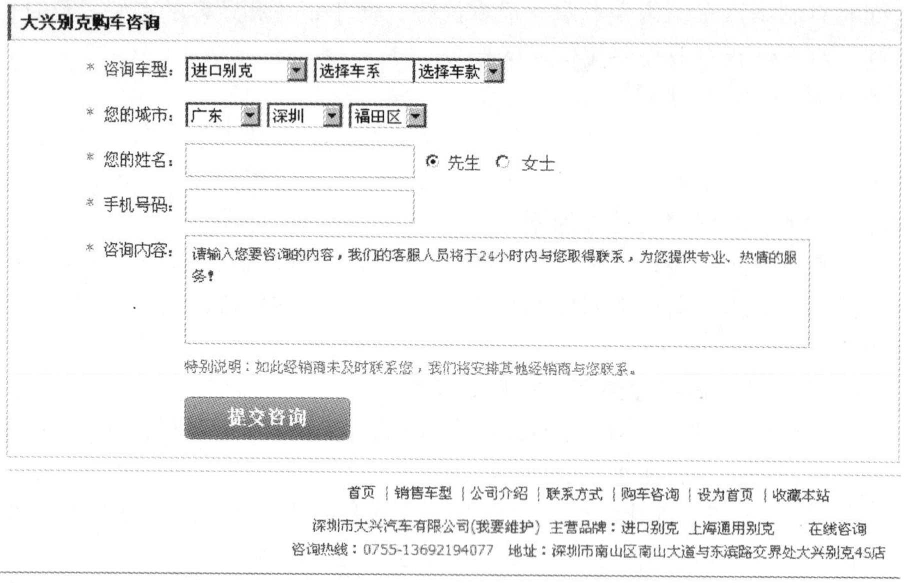

图 10-1-2 某汽车 4S 店的营销页面

2. 网络个人客户的购买决策过程分析

汽车网络营销的个人客户购买过程中所受影响因素，主要包括汽车营销商网页界面的设计、车辆的口碑、车辆的价格、车辆的后续安全性与服务。

汽车网络营销的购买过程分析：唤起需求→收集信息→比较选择→购买决策→购后评价。

3. 网络非稳定型集团（团购）客户的购买行为分析

非稳定型集团客户购买行为的特点：集团主体的不稳定性；加入团体的限制性；购买目标的明确性与单一性。

影响非稳定型集团客户购买行为的因素：产品价格；产品特性；购买者地理位置。

非稳定型集团客户购买决策过程：收集信息→组织集团→客户加入→讨论和优化（集体参与比较选择）→完成购买→集团解散。

4. 混合型消费者行为探讨

随着社会的发展及变化，汽车消费者的行为一般介乎传统消费者与完全数字化消费者之间，简称为混合型消费者。这三者的区别如表 10-1-1 所示。

表 10-1-1 传统消费者、完全数字化消费者、混合型消费者的区别

消费者类别	传统消费者	完全数字化消费者	混合型消费者
购买产品	标准化	个性化产品和服务	有的产品标准化，有的产品个性化；甚至同一产品有时标准化，有时个性化
信息来源	通过经验、亲戚朋友、商业、大众等信息来源	全部从互联网获取	传统信息收集与网上信息收集相结合
购买渠道	商店、目录邮购和电话订购	网上购物	有的产品网下购买，有的产品网上购买；甚至同一产品有时网下购买，有时网上购买；有时网上、网下产品与服务相结合
参与社区	现实社区	虚拟社区	有时在虚拟社区，有时在现实社区，相互渗透
价值观念	重视购物过程和体验	价格最低产品	新的价值观念，既重视价格也重视体验，参与定价

简而言之，随着社会的发展与进步，混合型消费者有逐渐向完全数字化消费者接近的趋势，如图 10-1-3 所示。

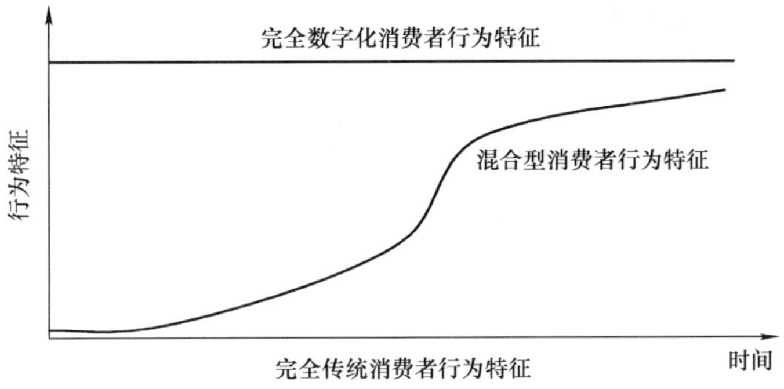

图 10-1-3　混合型消费者有逐渐向完全数字化消费者接近的趋势

三、网络营销产品策略

网络营销产品主要从产品生命周期、产品支持服务策略等方面解说相关的对策。

1. 网络产品市场生命周期分析

不同的产品，依据不同的生命周期，各阶段的市场营销策略是不同的。

介绍期：迅速掠取；缓慢掠取；迅速渗透；缓慢渗透。

成长期：产品改进；市场渗透；营销组合革新。

成熟期：市场改革；产品改革；营销组合改革。

衰退期：继续；集中；收缩；放弃。

处于成熟期的汽车产品的营销，基本上以产品的更新换代、新技术、汽车豪华舒适性等方面吸引顾客。

2. 产品支持服务策略

汽车营销应该注意汽车产品的后续服务策略。目前，常见的汽车维护策略是电子邮件（E－mail）在顾客服务中的应用、鼓励顾客对话、4FAQs 的设计策略等。

课后练习题

1. 简述汽车网络营销的概念。
2. 简述网络个人客户特征分析的内容。
3. 简述混合型消费者的行为。
4. 简述网络产品市场生命周期分析的内容。

任务二　汽车网络销售及模式

【任务目标】

1. 知识目标

1）能叙述汽车网络销售及模式的基本知识。

2）能叙述汽车网络销售知识。

2. 技能目标

1）能判断汽车网络销售是否符合规范。

2）能对照汽车网络销售进行练习。

3. 情感素养目标

1）培养汽车网络销售的能力及素质。

2）能够对汽车网络销售异常问题有快速响应的能力。

【任务分析】

当一个客户经过网络提出购车的服务请求，如何有效地服务顾客，提升成功率。你作为销售顾问需要负责接待，希望通过你的专业服务，能让客户感到专业，并达成成交的意向。

一、汽车网络营销模式

2011年底，淘宝网最高单日独立用户访问量超过1.2亿人。此外，2011年淘宝网单日成交额最高达43.8亿元。2014年双“十一”（11月11日），淘宝单日成交金额高达170亿元。

到2012年11月止，已有400家4S店进驻淘宝网抢占客源。某家汽车4S店的淘宝销售官网，如图10-2-1所示。

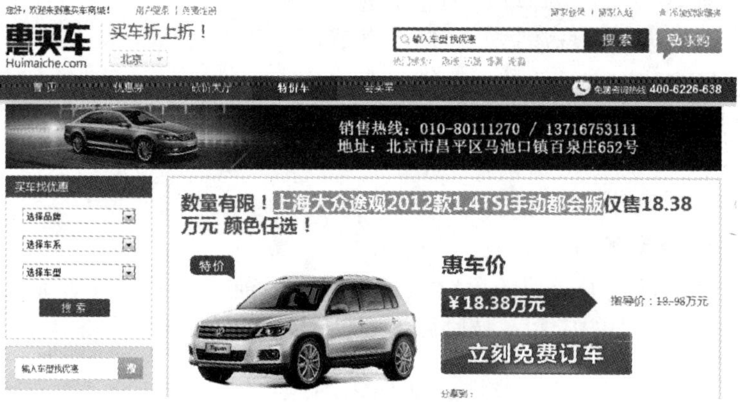

图10-2-1　某家汽车4S店的淘宝销售官网

二、汽车网络营销活动的操盘流程

1. 汽车网络营销计划的制订

寻找到可以依托的汽车营销网络平台，依据自己汽车4S店的销售车款，拟定一个初步的、宏观的营销计划。

图10-2-2为深圳某家4S店依托某网络平台拟定的营销计划。

2. 熟悉网络平台的时间、通用优惠政策

接下来，汽车营销人员应依据网络平台的具体政策拟定营销计划，这些优惠政策往往是网站通用的共享政策。因此，如何寻找这些政策的共性，拟定与之差异化的、具有特点的本

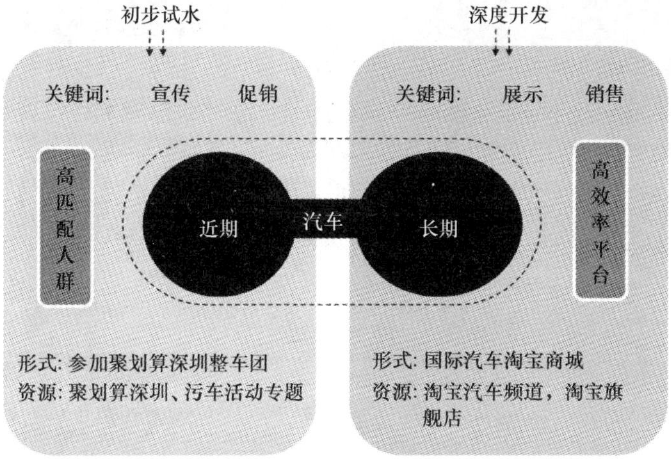

图 10-2-2 深圳某家 4S 店依托某网络平台拟定的营销计划

店的优惠政策，是至关重要的。

图 10-2-3 为深圳某家 4S 店依托某网络平台拟定的营销计划。

图 10-2-3 深圳某家 4S 店依托某网络平台拟定的营销计划

3. 依托本身店面优势，拟定本店跟进条款

（1）活动时间、参与客户、奖品设置

汽车营销人员应该依据本店的实际情况，做好活动时间的安排。由于网络是全天展示（24h），应该安排人员在网络值守，并且需要人员做技术支持。

注意甄别参加活动的人员，让希望购买本店汽车的人员参与进来。

在奖品设置方面，则注意奖品的分数、价值，这些优惠品的总价值应不超过合理的预算，避免出现失误。

深圳某店跟进条款如图 10-2-4 所示，仔细观察图中活动规则、奖品设置情况。

（2）活动规则及奖品发放。

图 10-2-4 汽车网络营销的活动时间、参与客户、活动奖品

深圳某店跟进条款如图 10-2-5 所示，仔细观察图中活动规则、奖品设置情况。

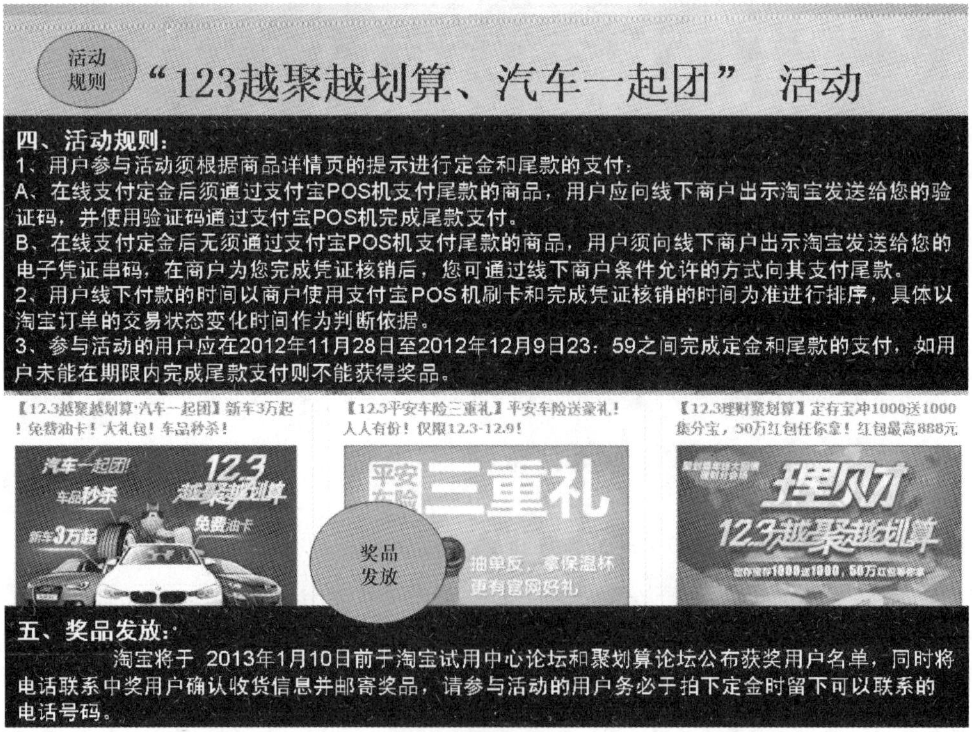

图 10-2-5 汽车网络营销的活动规则、奖品发放

三、汽车网络营销之微博营销

随着社会的发展，微博已成为一个重要的营销平台。图 10-2-6 为某汽车经销商在微博中进行营销。

图 10-2-6 汽车网络营销之微博营销

四、智能手机平台应用（APP）

随着移动互联网的发展，已出现 APP 汽车营销平台。图 10-2-7 为某汽车经销商的 APP 营销平台。

图 10-2-7 某汽车经销商的 APP 营销平台

在淘宝里，总有一些顾客会通过淘宝客服来讨价还价，这是日常生活中最常见的网络谈判之一。

对于这种网络谈判，我们在见不到人的情况下怎么保证自己的谈判可以成功呢？可在以下三方面做出努力。

1）价格：买东西的时候要货比三家甚至更多，这样谈判起来才能了解价格，以防受骗。

2）质量：有时候在淘宝买东西的时候，图片上看上去都一样的东西，可是买回来就发现质量与自己在商店里看到的不一样，差了好多。所以，在买的时候要问卖家产品质量，如果他闪烁其词，就可以趁机杀价。还可以通过其他淘宝买家的留言评论来判断他们卖的东西的质量。

3）用词：在交流的时候应该注意用词，最好是委婉的，注意方法，以免造成摩擦，导致谈判失败。

课后练习题

1. 简述汽车网络营销活动的操盘流程。
2. 如何利用微博对汽车进行网络营销？
3. 如何应用智能手机平台应用（APP）促进汽车网络营销？

任务三　电子商务交易及操作流程

【任务目标】

1. 知识目标

1）能叙述电子商务交易基本知识。

2）能叙述电子商务交易操作流程。

2. 技能目标

1）能判断汽车电子商务销售的流程是否符合规范。

2）能熟练掌握电子商务的操作流程。

3. 情感素养目标

1）培养汽车电子商务交易所需要的能力及素质。

2）能够注意汽车电子商务交易的安全性。

【任务分析】

作为汽车电子商务工作人员，应熟练掌握电子商务的流程，完成汽车产品的销售及回款工作。

一、C2C电子商务流程

C2C电子商务流程是消费者对消费者的电子商务，其构成要素包括买卖双方和电子交易平台供应商。

（1）交易流程

淘宝网属于以C2C为主的电子商务模式。交易流程包括用户注册→实名认证→交易过程。整个具体流程如图10-3-1所示。

1）用户注册。填写信息、激活账号、注册成功。

2）实名认证。商家认证、个人认证。

3）交易过程。买卖双方沟通、购买行为、核对信息、确认。

（2）局限性

电子商务发展的时间不长，缺乏有效监管机制，电子商务法律有待进一步完善。

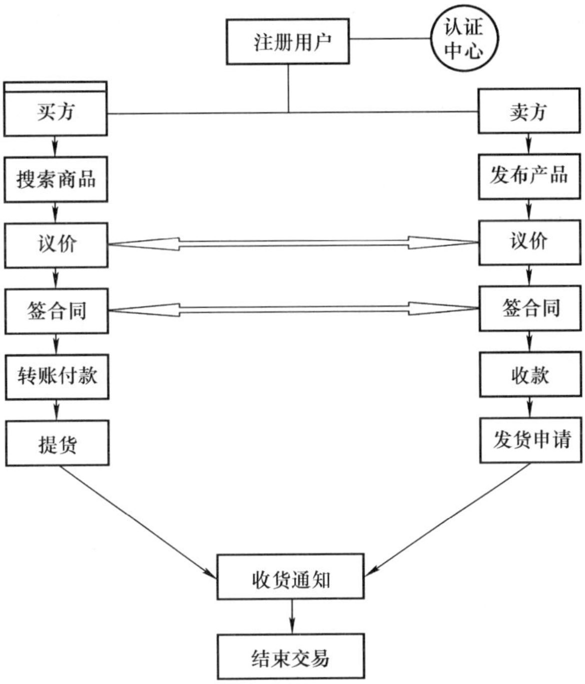

图 10-3-1　C2C 电子商务流程

二、B2B 交易流程

（1）案例说明

图 10-3-2 为 B2B 交易流程。

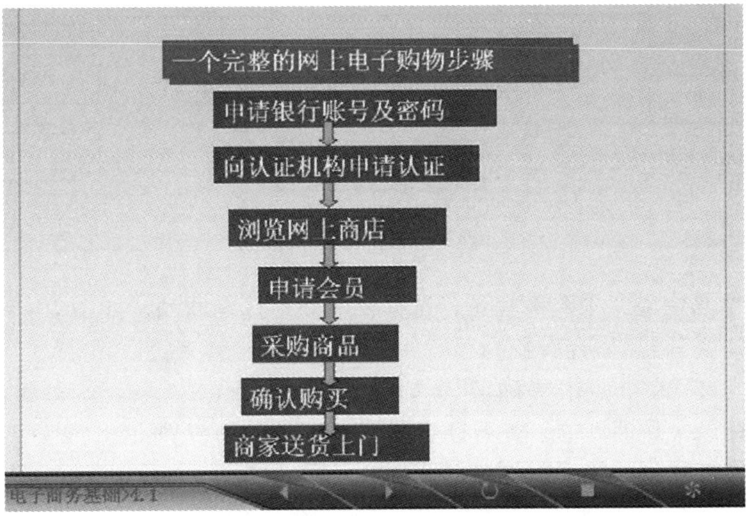

图 10-3-2　B2B 交易流程

威克公司是一家著名的空调厂商，为了在激烈的市场竞争中争取市场，公司决定扩大其产品线，推出同一品牌的洗衣机。为谨慎起见，也为试探市场反应，销售经理刘力决定首先将一款半自动洗衣机以548元的低价战略投放市场。刘力让录入员小周在产品数据库中分别增加新商品类型“洗衣机×××”及属于此类型的新商品“半自动型×××洗衣机”。基本属性如下：输出功率0.7kW，电压220V，有效容积6L，外形尺寸490mm×387mm×467mm。

科凌公司是威克公司的长期合作伙伴，彼此建立了很好的合作关系。这次威克公司推出新产品，科凌公司自然是首批订购者，订货量1000台。根据双方的约定，采取电子支付、货到付款的方式，货物由华宇物流公司承运。

（2）采购流程

采购商在前台购买商品，订单就会出现在相应的供应商的订单处理中。供应商处理订单后，交给采购商确认，经过二次确认的订单就可以生成销售单。同时，销售单生成后，供应商派物流商把货物送到采购商；采购商可以在适当的情况下，结清货款。整个B2B流程如图10-3-3所示。

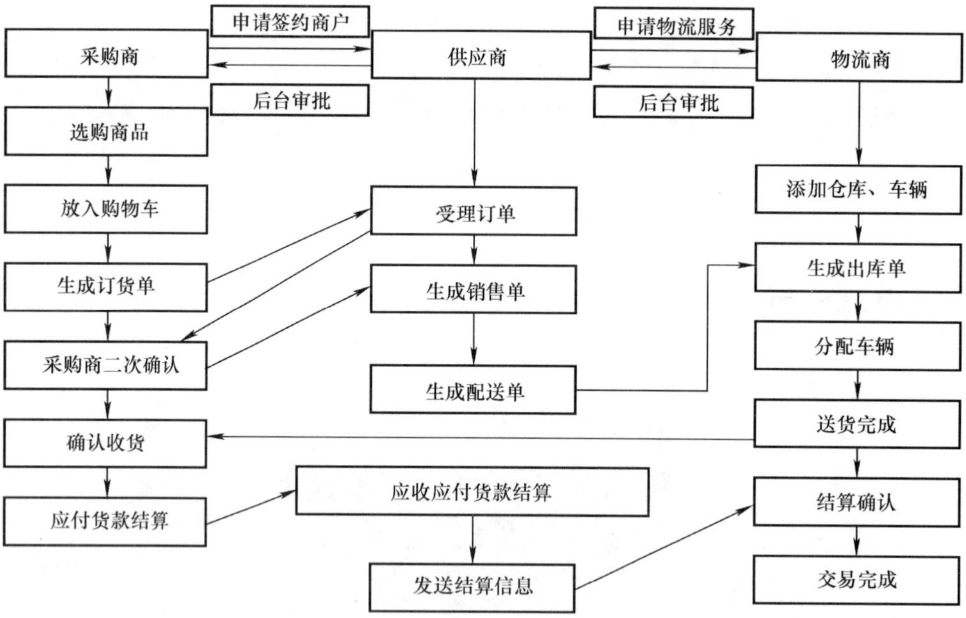

图10-3-3　B2B流程

1）在B2B交易中心，采购商登录，选择供应商，选购商品，如图10-3-4所示。

2）单击“购买”，然后查看购物车，如图10-3-5所示。

3）单击生成订货单，点击“确定”，如图10-3-6所示。

4）供应商登录，受理订单，查看订单明细，如图10-3-7所示。

5）供应商单击“订单受理”，如图10-3-8所示。

图 10-3-4 采购商登录，选择供应商，选购商品

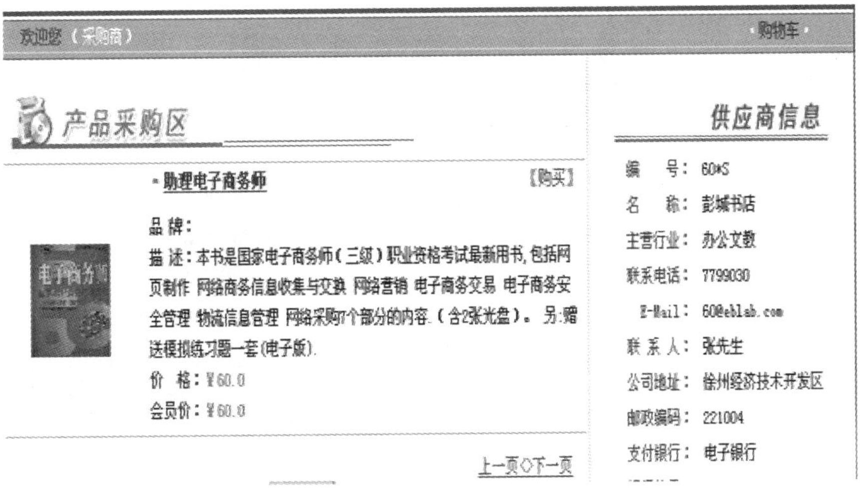

图 10-3-5 点击“购买”，然后查看购物车

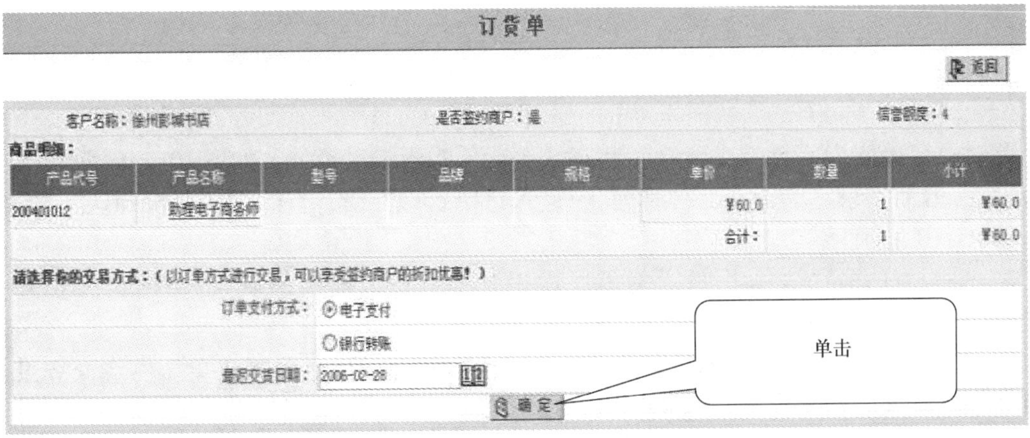

图 10-3-6 点击生成订货单，点击“确定”

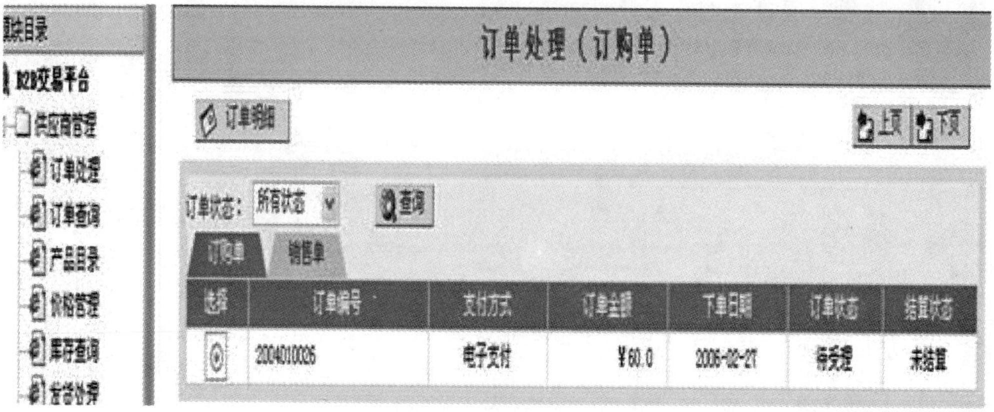

图 10-3-7　供应商登录，受理订单

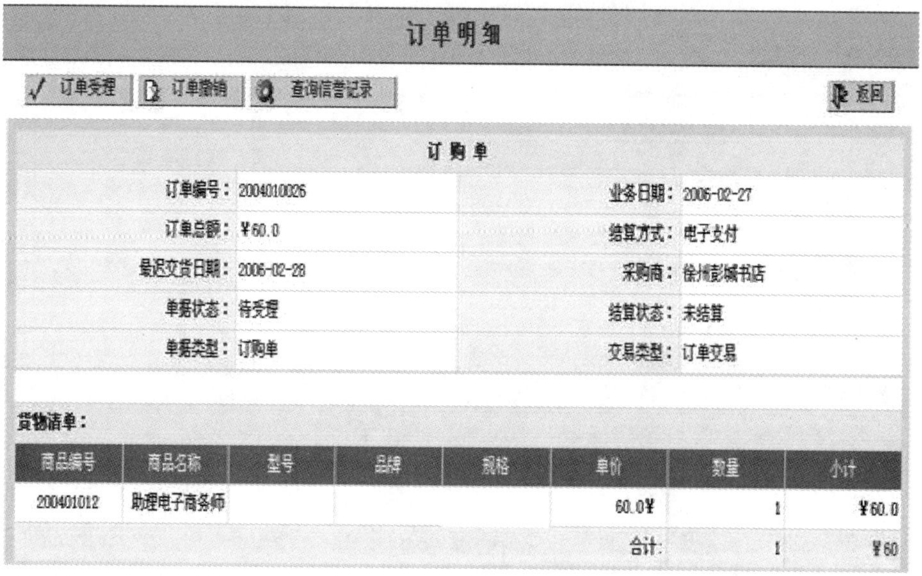

图 10-3-8　供应商点击“订单受理”

此时，订单变为“待二次确认”状态，等待采购商二次确认，如图 10-3-9 所示。

6）采购商登录，单击“后台管理”，进入订单管理界面，查阅“待二次确认”的订单，如图 10-3-10 所示。

7）采购商单击“订单明细”，对需二次确认的订单进行“确认”，单据状态变为“销售处理”，如图 10-3-11 所示。

8）系统收到已确认订购单，自动在供应商后台管理模块生成销售单。供应商登录，在订单处理界面点击“销售单”，如图 10-3-12 所示。

9）供应商将销售单生成配送单，如图 10-3-13。

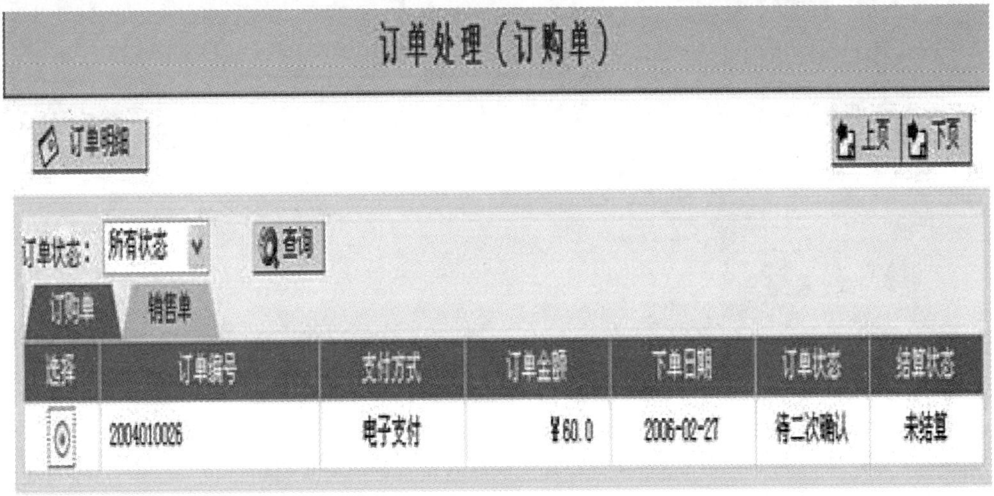

图 10-3-9　订单变为“待二次确认”状态

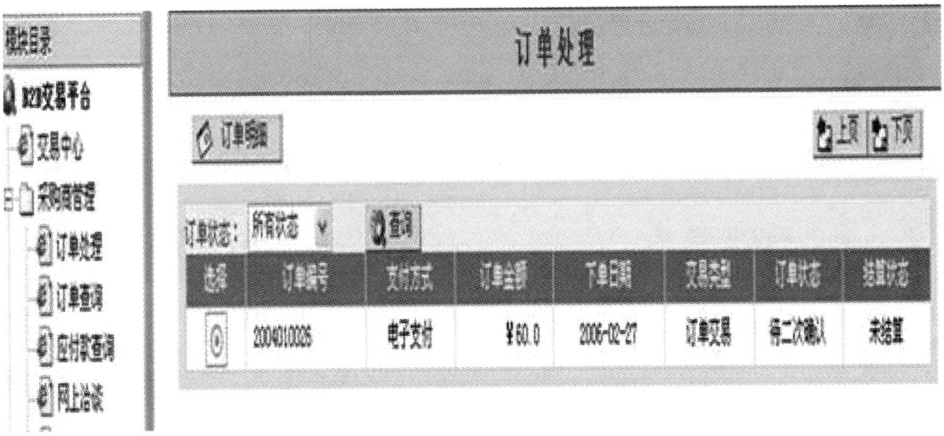

图 10-3-10　采购商登录，点击“后台管理”

图 10-3-11　采购商点击“订单明细”，对需二次确认的订单进行“确认”

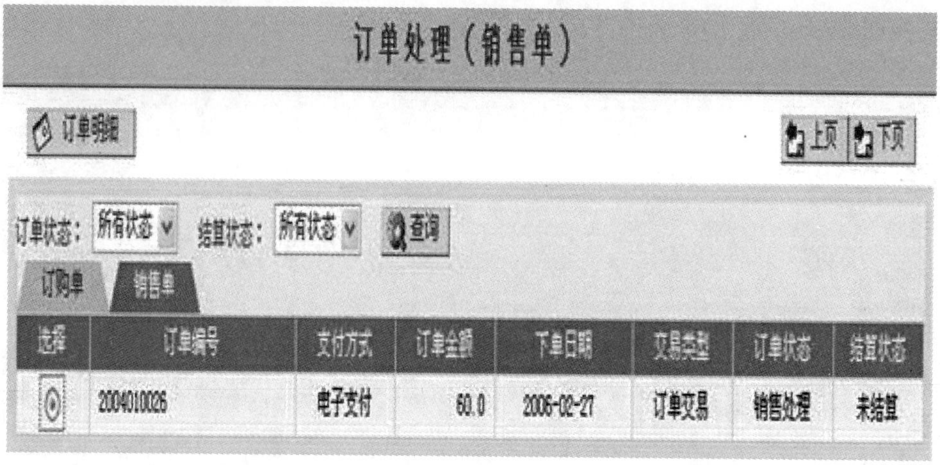

图 10-3-12　系统自动在供应商后台管理模块生成销售单

图 10-3-13　供应商将销售单生成配送单

10）供应商填写配送单，等待物流商受理，如图 10-3-14。

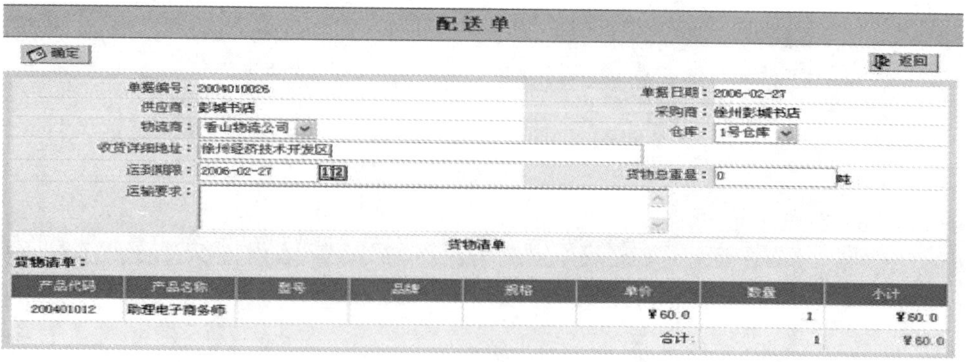

图 10-3-14　供应商填写配送单

11）物流商登录，单击“配送处理”，选择“待处理”的配送单，查看配送单明细，如图 10-3-15 所示。

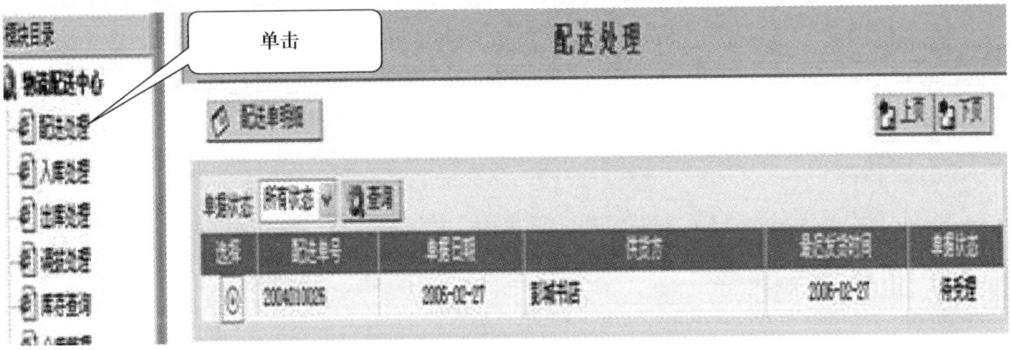

图 10-3-15 物流商登录，点击“配送处理”

12）单击“生成出库单”，如图 10-3-16 所示。

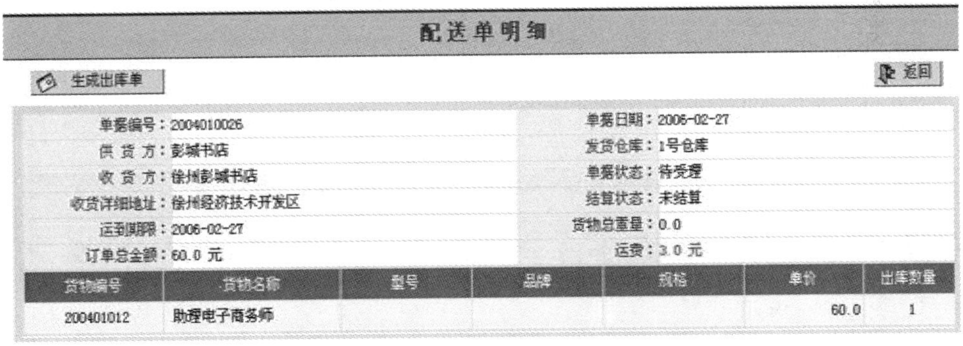

图 10-3-16 点击“生成出库单”

查看出库单明细；并转入下一步“出库处理”，如图 10-3-17 所示。

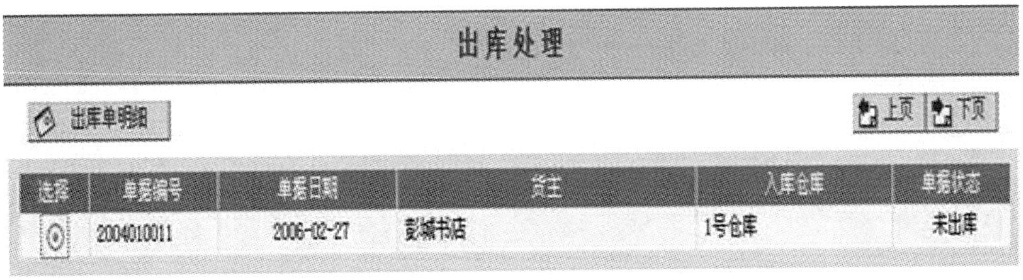

图 10-3-17 查看出库单明细

13）物流商选择单据状态为“未出库”的出库单，单击“出库单明细”审核出库单；单击“确认出库”，如图 10-3-18 所示。

14）物流商进入车辆调度模块，单击“车辆分配”；选择单据状态为“出货完成”的单据，单击“调度单明细”，如图 10-3-19 所示。

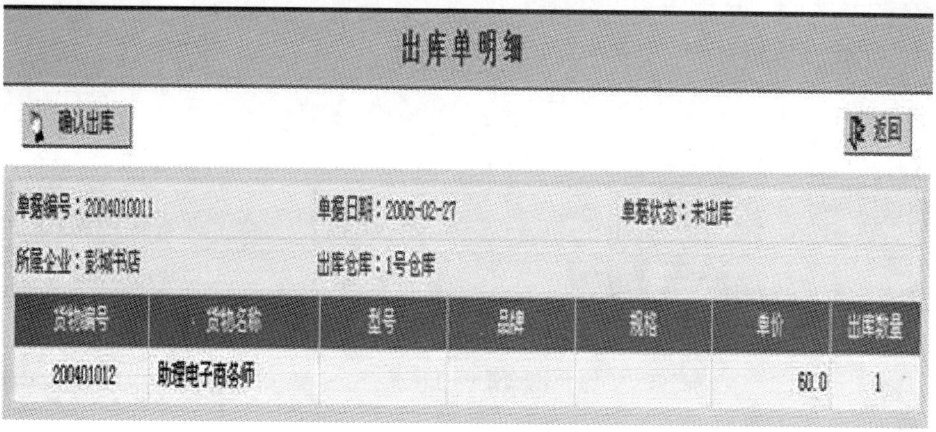

图 10-3-18　点击“出库单明细”审核出库单

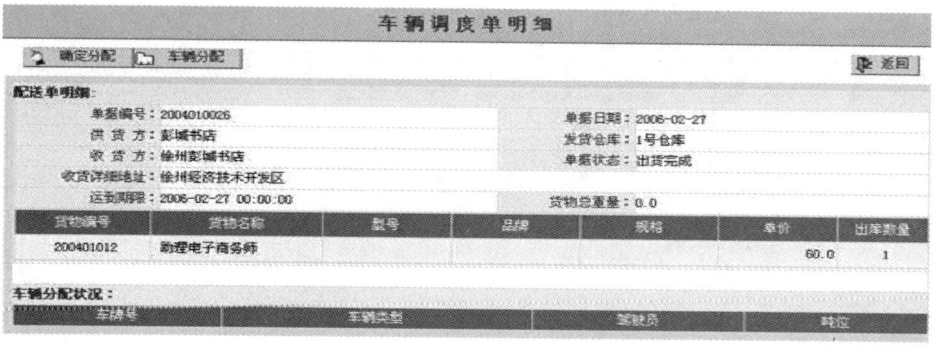

图 10-3-19　物流商进入车辆调度模块

15）单击“分配”，选择合适的车辆，单击“确认分配”；完成车辆调度和送货任务，如图 10-3-20 所示。

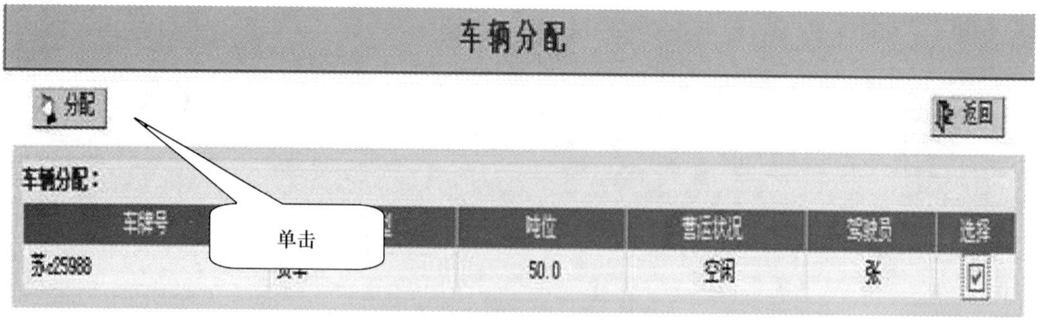

图 10-3-20　选择合适的车辆，点击“确认分配”

16）采购商登录，确认收货、付款。单击“订单明细”，完成收货业务，如图 10-3-21 所示。

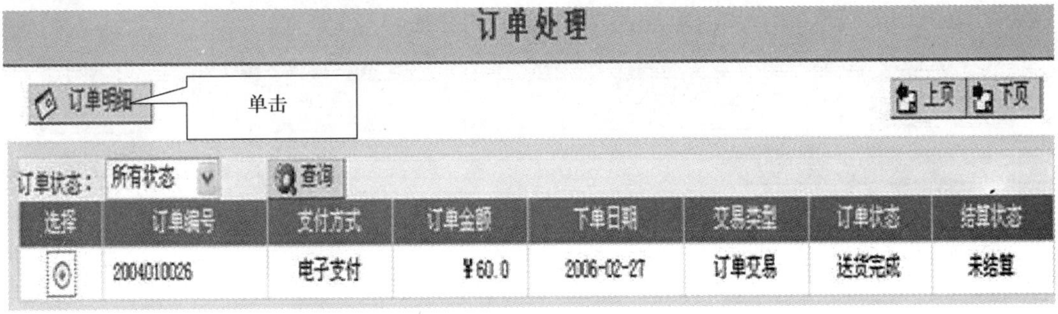

图 10-3-21　采购商登录，确认收货、付款

17）采购商单击“应付款查询”，单击“应付款明细”，无误后单击“订单结算”，如图 10-3-22 所示。

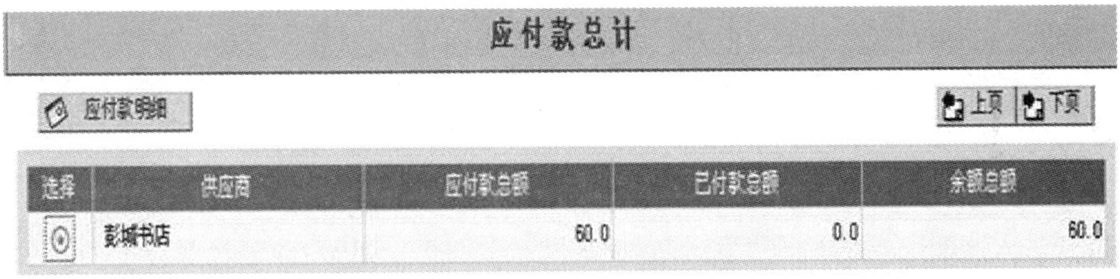

图 10-3-22　采购商点击“应付款查询”

18）结算方式有两种：一是电子支付，二是银行转账，如图 10-3-23 所示。

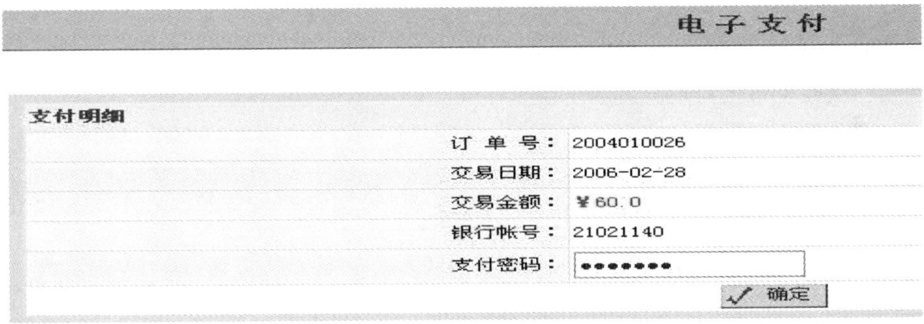

图 10-3-23　结算方式

19）供应商登录，向物流商付款。单击“应收应付款查询”，选择“应付款一览”，选择要查看的物流商，单击“应付款明细”，如图 10-3-24 所示。

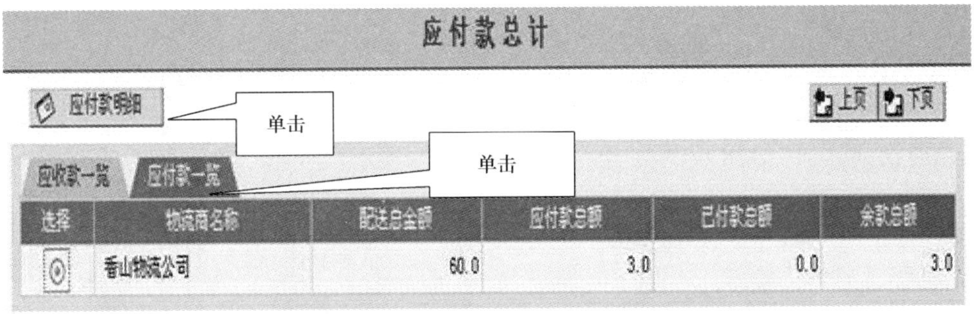

图 10-3-24　供应商登录，向物流商付款

20）单击相应的配送单，查看配送单明细，如图 10-3-25 所示。

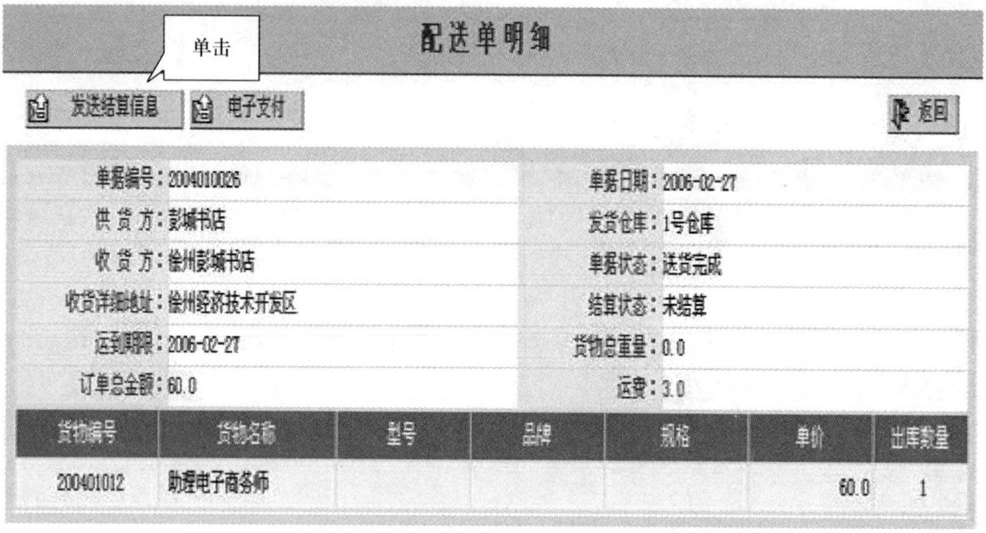

图 10-3-25　单击相应的配送单，查看配送单明细

21）进入该配送单，单击“发送”，完成配送单结算，如图 10-3-26 所示。

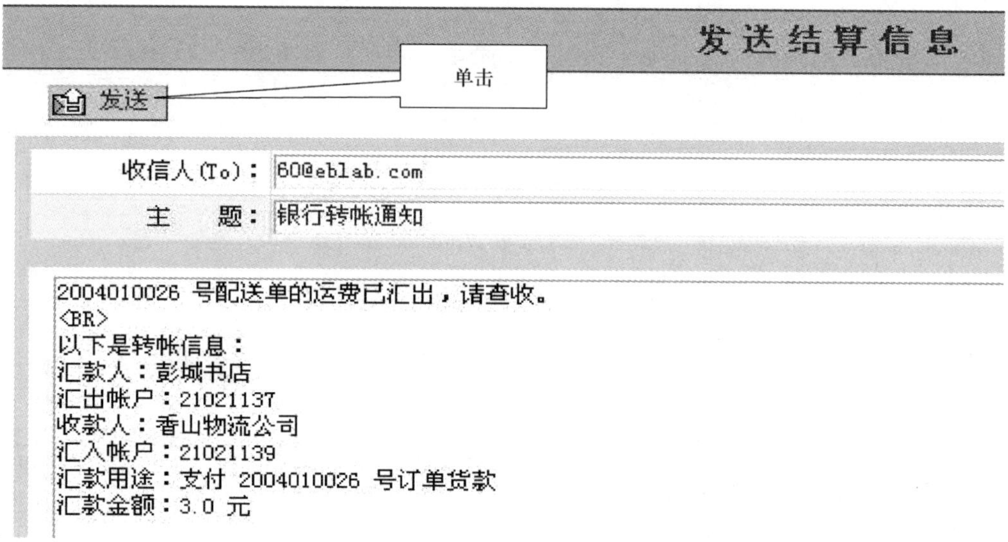

图 10-3-26　进入该配送单，单击“发送”

22）物流商登录、收款。单击“应收款明细”，如图 10-3-27 所示。

物流商收到款项，B2B 交易完成，如图 10-3-28 所示。

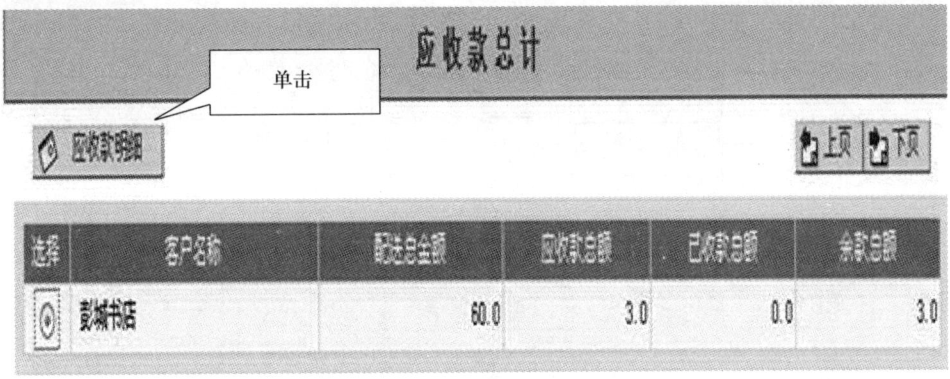

图 10-3-27　物流商登录、收款

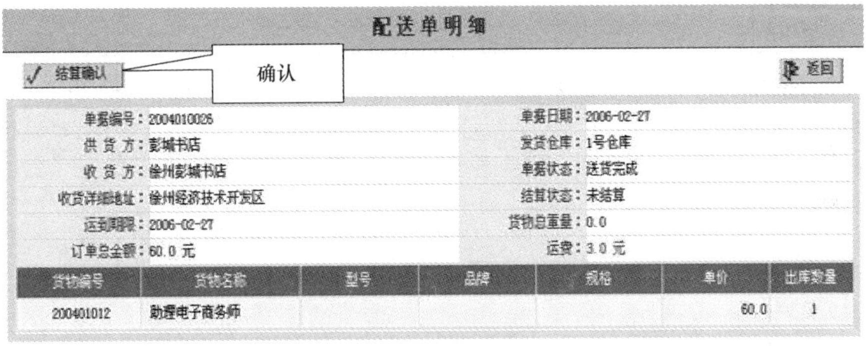

图 10-3-28　物流商收到款项，B2B 交易完成

课后练习题

1. 简述淘宝网的电子商务流程。
2. 根据下图所示，简述淘宝设计流程。

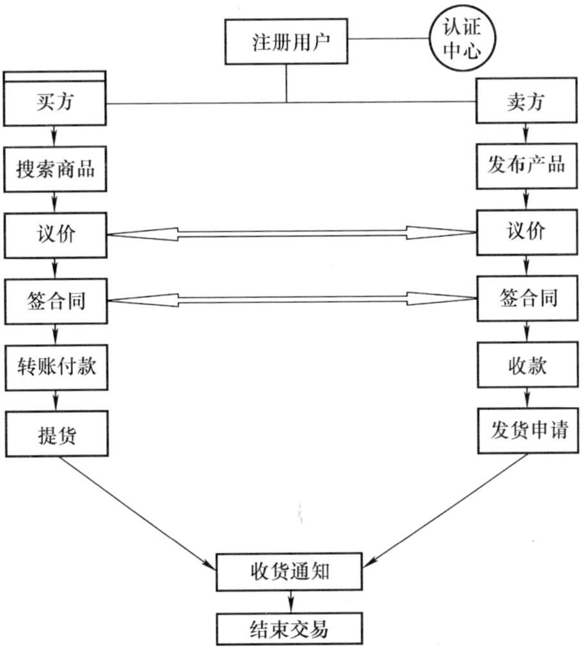

3. 根据下图所示，简述 B2B 交易流程。

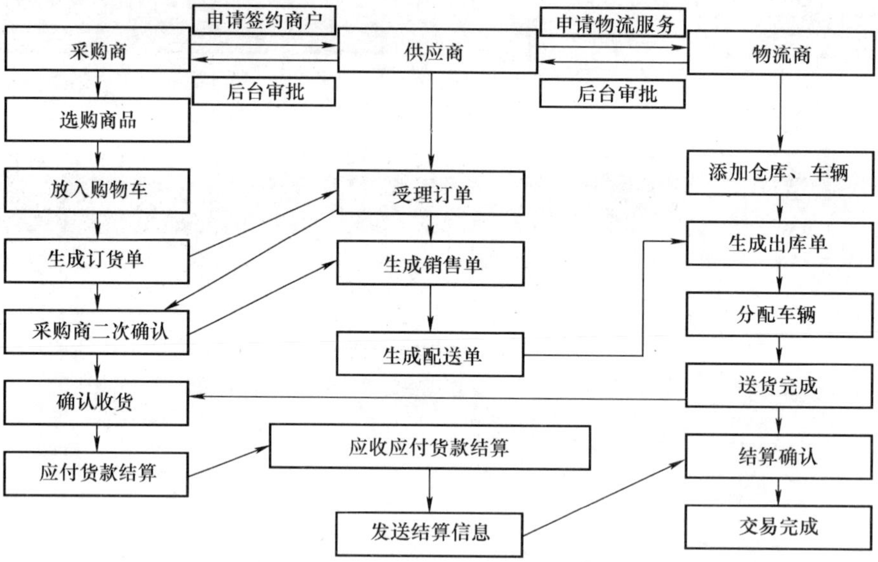